상상 '톡' 창의 '톡'
# 아빠랑 버블버블

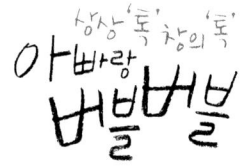

제1판 1쇄 인쇄 2011년 7월 13일
제1판 1쇄 발행 2011년 7월 20일

**지은이** 정일권
**펴낸이** 박성우
**펴낸곳** 청출판
**주 소** 경기도 고양시 일산동구 장항동 746-1 로데오시티플러스 434호
**전 화** 031)925-8856 ㅣ **팩 스** 031)925-8756
**전자우편** abc337@paran.com
**등록** 제406-2006-000039호

ⓒ2011 정일권

**ISBN** 978-89-92119-26-9 13590

이 책은 저작권법에 의해 보호를 받는 저작물이므로
무단전재와 복제를 금합니다.

*파본이나 잘못된 책은 바꿔 드립니다.

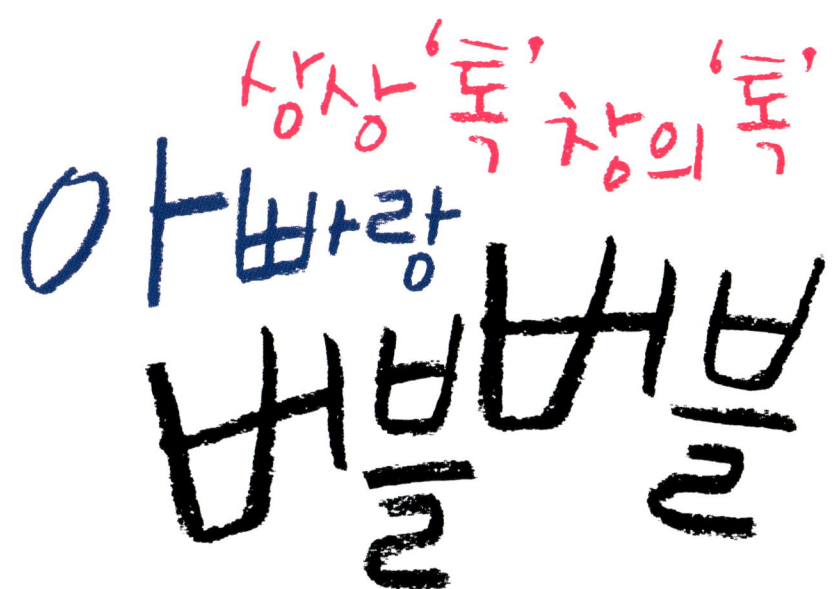

상상 '톡' 창의 '톡'
아빠랑 버블버블

버블 아티스트 정일권 지음

# CONTENTS

**28** 잘 터지지 않는 비밀 용액 만들기

## PART 1
## 비싼 도구 없이 만드는 멋진 버블

- **34** 쉽게 만드는, 종이컵 버블
- **39** 대롱대롱 매달아요, 버블
- **44** 크기가 달라져요, 빨대 버블
- **48** 신기해요, 할아버지 곰방대 버블
- **52** 직접 만들어요, 멋진 버블 도구
- **58** 버블로 보는 세상, 버블 안경
- **60** 종이만 있어도 돼요, 버블 불기
- **64** 코팅 종이로 만드는, 대형 버블
- **68** 터지지 않게, 버블 자르기

## PART 2 마법의 버블손

- 74 맨손으로 만들어요, 버블맨
- 80 버블 마법사처럼, 양손 버블
- 84 흔들흔들 움직이는, 버블 유령
- 88 펑펑 쏟아지는, 함박눈 버블

## PART 3 드라이아이스를 이용한 과학상상 버블

- 94 둥둥 떠다니는, 버블 공중부양
- 100 부풀어 올라요, 버블 구름빵
- 104 연기가 피어나는, 버블 폭탄
- 108 암탉처럼 한 알씩, 버블 달걀

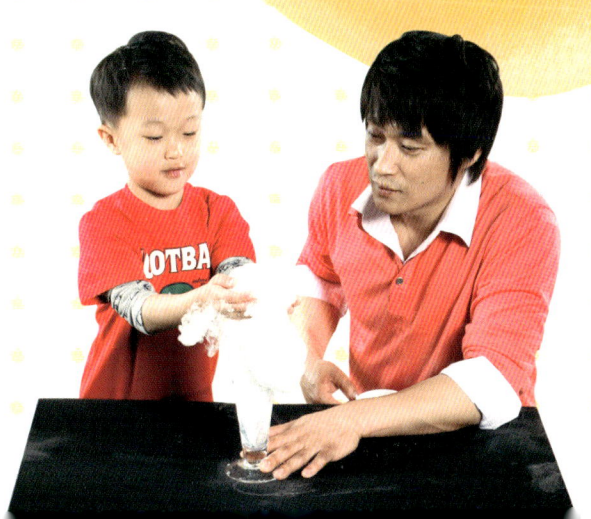

# 버블쇼의 주인공처럼 PART 4

- **114** 장기 자랑에 통하는, 털실 도구
- **120** 연속발사, 레이저 버블
- **124** 잡아라 버블, 버블떼
- **128** 부글부글 신기한 거품, 버블 왕관
- **132** 컬러 거품 버블, 거품 페인팅

# PART 5
## 상상 '톡' 창의 '톡'
### 버블 버블

- **138** 신기해요, 3단 버블 돔
- **143** 살아 있어요, 버블 애벌레
- **148** 통통 탁구처럼, 버블 튕기기
- **153** 처음 봤어요, 네모난 버블
- **156** 깨지지 않는, 버블 윈도우
- **162** 한 칸씩 채워요, 버블 바둑

**PROLOGUE**

# 동심의 세계로 이끄는
# 마법 같은 버블 세상

아이들을 대상으로 한 버블 공연이다 보니 수백 회의 공연을 하는 동안 수많은 아이들을 만나왔고, 매번 공연이 끝날 때마다 아이들도 어른들도 아쉬워하는 모습을 보게 되었습니다.

공연 이외의 버블 체험관도 만들었지만 그 또한 시간적·공간적 제약이 따라서인지 부족한 부분들이 많았습니다. 공연도 체험도 좋지만 '아이들이 버블을 직접 만들어 마음껏 가지고 놀 수 없을까?'라는 고민에 빠져 있을 무렵 출판사에서 출간 제의가 들어왔습니다. 이를 흔쾌히 받아들였고, 마침내 《상상 '톡' 창의 '톡' 아빠랑 버블버블》이 탄생하게 되었습니다.

매우 간단해 보이겠지만, 버블에 대해 수년 동안 고민하고 검증된 방법 중에서 아빠와 아이가 함께 버블을 만들어 신나게 놀 수 있는 방법을 선별해 수록했습니다. 또한 공연에서 사용되는 다양한 실전 노하우들을 담았으며, 특히 잘 터지지 않는 버블 용액 제조 비법까지 넣게 되었습니다. 아빠들이 먼저 읽어 보고 연습한다면 아이들도 충분히 따라할 수 있으리라 생각합니다.

버블은 사람의 마음을 동심의 세계로 이끌어내는 마법 같은 힘이 있어 아빠들도 아이들만큼이나 버블 놀이를 좋아하게 된답니다. 아마 남몰래 연습한 후 주위 분들에게 근사하게 자랑할 만한 버블 아티스트까지 될 수 있으리라 자신합니다.

특히 유치원이나 학교 참여 수업 때 멋진 버블맨이 될 수 있는 기회의 장도 만들어 보기 바랍니다. 아이들에게도 장기자랑에 나갈 만한 멋진 아이템이 되지 않을까 싶습니다.

버블은 놀이를 넘어 아이들에게 무궁무진한 호기심을 안겨 주며, 이론적 학습은 아니지만 상상력과 창의력을 이끌어내는 교육환경을 만들어 주는 도구가 아닌가 생각합니다. 이 책에서 소개하고 있는 '드라이아이스를 이용한 과학상상 버블'은 그런 점에서 호기심을 불러일으키게 만드는 재미난 실험실 파트가 될 것입니다.

이 책이 만들어지기까지 고생한 가질리언코리아의 스텝인 김덕안, 양병용, 김은양에게 감사의 말을 전하며, 책의 주인공이 되어 준 나의 두 아들과 사랑하는 아내에게 고마운 마음을 전합니다. 그리고 마지막까지 애써 준 김대식 사진작가님을 포함한 청출판 관계사 분들께 감사의 마음을 전합니다.

마지막으로 이 책을 선택해 주신 모든분께 감사드립니다.

2011년 7월
스타킹 버블맨 버블 아티스트 정일권

# "대한민국 대표 버블 아티스트를 넘어 세계 최고의 버블 아티스트를 꿈꾼다!"

고급 기술을 더욱 많이 개발하고자 저희가 가지고 있는 초중급 수준의 버블 기술들을 독자 여러분과 공유하기 위해 《상상 '톡' 창의 '톡' 아빠랑 버블버블》을 집필하게 되었습니다. 또한 버블 기술에 대한 책이나 자료가 없어 고민하는 버블 아티스트를 꿈꾸는 분들에게도 작은 지침서가 될 수 있을 것입니다.

### 초청 공연
- 2008' 서울 디자인 올림픽
- 삼성전자 40주년 하우젠버블 버블파티
- 지스타(G-STAR) 2009년 전야제 리셉션
- 현대차 벨로스터 블루오션 행사
- 신세계 백화점 '세계최대 백화점' 월드기네스 2주년 기념행사 외 1,000회 이상
- 에버랜드 암웨이 패밀리
- 중랑구청 드림스타트
- 한국전력공사 혁신 워크숍
- 삼성전자 신입사원을 위한 강연

### 광고제작 협찬
- 김명민의 천지양 홍삼드링크 CF
- LG CANU 핸드폰 CF
- 공리 모델 Midea 전자제품 밥솥 CF
- 엘리샤코이 천연화장품 CF
- GS홈쇼핑 홍보 CF
- 박진희 주연 달콤한 거짓말 OST 등

## 전국 공연

- 전국 100곳 이상의 공연장 20만명 이상 공연 관람
- 현재 전국 투어 중

뿡뿡이 버블쇼

삼척MBC와 함께하는 명품 버블쇼

교육놀이 체험전 버블사이언스

디보와 함께하는 스타킹버블맨의 비블파티

### 방송 출연

- SBS 스타킹 연속 3연승, '08 왕중왕전, 100회 특집, 200회 특집
- EBS 과학실험 하와이, 과학실험 사이펀, 키득키득 실험실, 딩동댕 유치원
- SBS 열린TV 시청자 세상, 생활의 달인, 있다!없다?, 세상에서 가장 아름다운 기행, 지구 살리기 차차르간
- KBS TV유치원 파니파니, 누가누가 잘하나, 무한지대 큐, 희망119
- MBC 마니아 성공시대
- 일본 마이니치 TV 방송, TBS TV 방송 토크 '구라베라 구라베라' (2011년 6월)
- 중국 절강 TV 방송 '천하달인쇼' (2011년 5월)

### 기네스 기록
- EBS 사이펀 방송을 통해 세상에서 가장 큰 비눗방울 탄생(2009년 6월 4일)

가로 6m 7cm, 세로 4m 13cm의 커다란 비눗방울 속에 키 152cm 이상의 사람 100명을 13.11초 만에 넣어 세계 기네스 기록을 달성했다(이전 영국 기네스월드레코드사가 인증한(Most people inside a soap bubble) 세계 공식 기록은 2007년 11월 영국의 샘 히스(Sam Heath)가 시름 3.35m의 원기둥 안에 5초 동안 넣은 50명이다).

# 상상 '톡' 창의 '톡'
# 버블 사이언스

### 비눗방울이 만들어지는 원리

물을 이루고 있는 분자들은 서로를 끌어당기는 힘이 커서 물방울을 떨어뜨리면 물방울은 자연스럽게 동그랗게 뭉쳐지게 되는데, 이러한 현상의 힘을 표면장력이라고 합니다.

표면장력 때문에 물은 비누 거품과 같은 둥글고 얇은 막으로 펴지지 못합니다. 이때 비누나 주방세제를 넣어 주면 물 분자들끼리 서로 잡아당기는 힘이 감소하기 때문에 동글동글한 물방울이 아닌 얇은 막으로 펴지게 됩니다. 이처럼 표면장력을 감소시키는 물질을 계면활성제라고 합니다. 이렇게 물이 얇은 막으로 펴질 때 바람을 불어 공기를 넣으면 비눗물 사이에 공기가 갇혀 비눗방울이 만들어지게 됩니다.

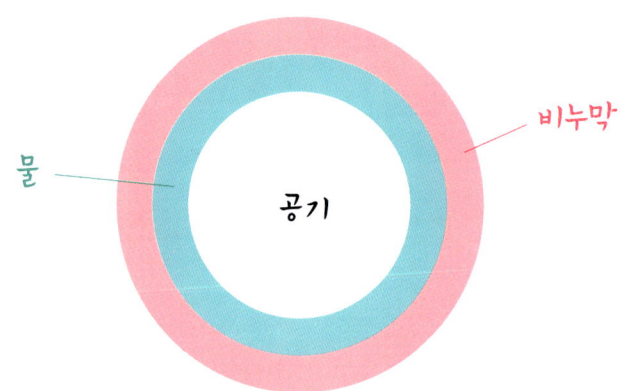

이처럼 세제를 섞은 물에 공기를 불어넣으면 세제 층이 물의 층을 둘러싸는 겹겹이 구조로 비눗방울이 만들어집니다.

### 왜 비눗방울 용액을 구입해도 버블맨아저씨처럼 되지 않나요?

작은 버블을 만드는 데에는 시판용 일반 용액으로 충분하지만, 대형 버블이나 잘 터지지 않는 버블을 만들기 위해서는 이 책의 28쪽에 소개하고 있는 방법으로 비밀 용액을 만들면 가능하답니다. 다만 일반 용액을 구입하지 않고 물, 주방세제, 글리세린, 물엿의 배합으로도 잘 터지지 않는 버블 용액을

만드는 제조 비법이 있긴 하나, 주방세제가 아이들의 피부에 좋지 않아 권장하지 않습니다.

잘 터지지 않는 비밀 용액을 만들었다 할지라도 바람이 많이 불거나 건조한 날씨에 바깥에서 버블을 만들 경우 터질 수도 있습니다. 습하고 바람이 적은 날에 실내에서 버블을 만들면 기대 이상의 대형 버블을 만들어 마음껏 가지고 놀 수 있답니다. 또한 도구나 맨손으로 버블을 만들 경우 도구와 손에 버블 용액이 충분히 적셔져 있어야 하며, 비누막이 잘 형성되어 있는지도 확인해야 합니다.

## 비눗방울은 왜 무지갯빛일까?

프리즘을 통해서 흰색 빛을 통과시키면 일곱 가지 색으로 분산되는 현상을 스펙트럼이라고 합니다. 비눗방울의 색깔이 무지갯빛으로 보이는 이유는 비눗방울이 프리즘과 같은 역할을 하고 있기 때문입니다. 만약 내가 좋아하는 비눗방울 색으로 만들고 싶다면 실내에서 조명을 이용해 원하는 단색의 빛을 비추면 원하는 비눗방울의 색을 얻을 수 있습니다.

## 파트별 과학상상 버블놀이

**호기심 과학 I**
공기에 비례하는 큰 버블과 작은 버블의 차이

**호기심 과학 II**
버블이 잘라지는 원리

**호기심 과학 III**
빨대 둘레의 크기에 따라 달라지는 버블의 크기

**PART 1** + **PART 2**

주제
다양한 크기의 비눗방울 만들기,
맨손으로 만들기

### 학습 게임
한글, 알파벳, 숫자 놀이하며 버블하기

### 놀이 게임 I
버블 터뜨리기, 버블 안에 버블 넣기

### 놀이 게임 II
버블공 던지기, 버블 뜯기

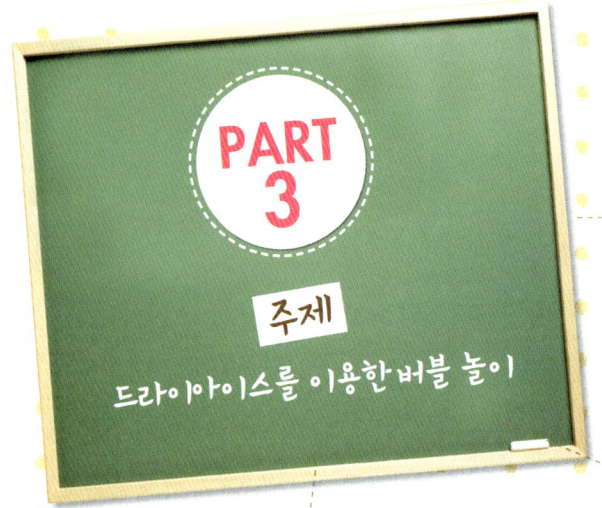

# PART 3

**주제**

드라이아이스를 이용한 버블 놀이

**호기심 과학 I**
고체에서 기체로 승화하는 드라이아이스의 성질

### 호기심 과학 II
드라이아이스가 비누 거품을 만드는 원리

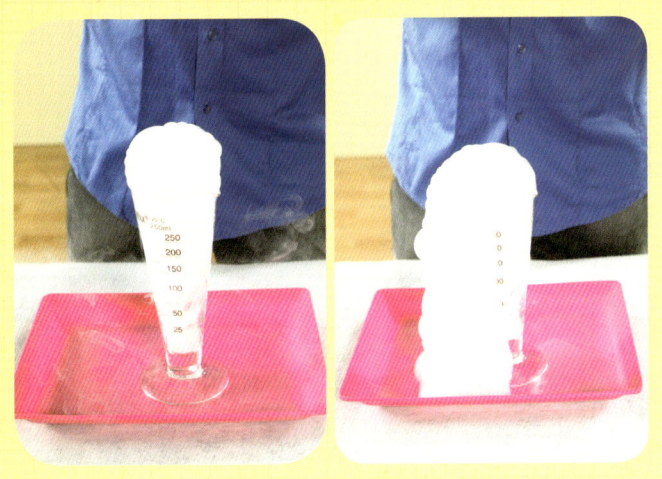

### 놀이 게임 I
버블 구름빵, 용암 버블

**호기심 과학 I**
공기 틈새로 빠져나오는 작은 버블의 거품화

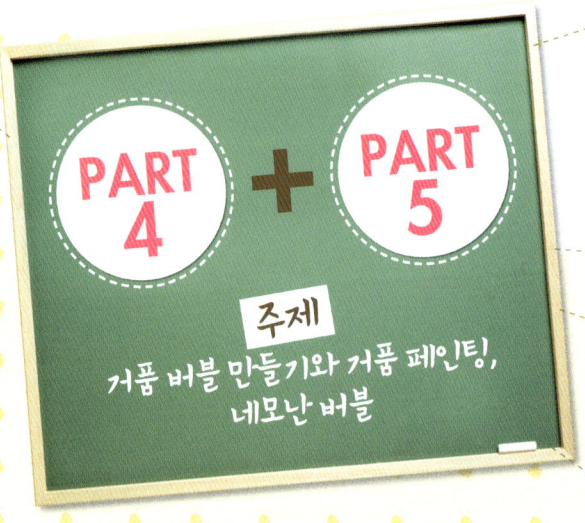

주제
거품 버블 만들기와 거품 페인팅, 네모난 버블

**호기심 과학 II**
**'페르마의 점' 원리**

비눗방울은 부피를 에워싸는 곡면 중에서 넓이가 가장 작아서 이 성질로 비누막은 띠로 이어지는 가장 짧은 거리를 보여 줍니다. 이처럼 페르마의 점은 도시와 도시를 이어주는 도로를 낼 때, 바다 유전을 연결하는 최단거리 거점을 찾을 때 수학적으로 이용됩니다.

### 호기심 과학 Ⅲ
**네모난 버블**

정육면체 모양의 틀을 만들어 용액에 넣었다 꺼내면 가운데 정사각형 막이 생기고 각 모서리의 막이 연결됩니다. 이 구조가 3차원의 넓이를 최소화하는 가장 효율적인 분할이 되며, 이는 건물을 지을 때 공간 분할에 활용된다고 합니다.

### 놀이 게임 Ⅰ
긴 버블 만들기 게임, 연속발사 버블

### 놀이 게임 Ⅱ
버블 회전목마, 버블 탁구

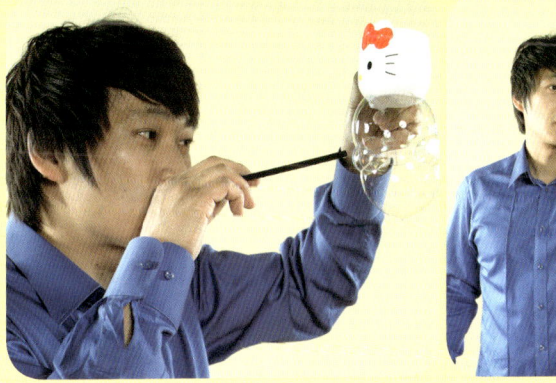

## 아이와 함께 버블맨에 도전하세요!

털실이나 줄을 이용한 버블

대형 버블 가지고 놀기

간단한 도구 틀을 가지고 버블 만들기

길고 커다란 버블 만들기

거품관을 이용한 거품 버블

맨손으로 버블 움직이기

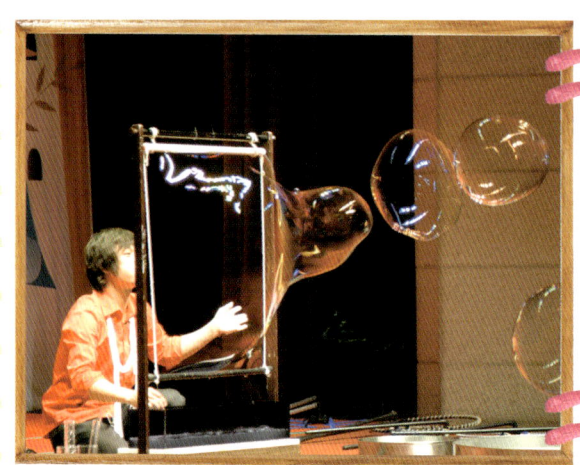

버블 윈도우로 버블 만들기

큰 버블 속에 작은 버블 넣기

함박눈처럼 버블 뿌리기

# 주변의 재료를 이용해 간단하게 만드는 버블 도구 준비물

## 용액 제조 도구

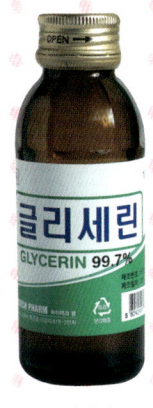
글리세린

물엿

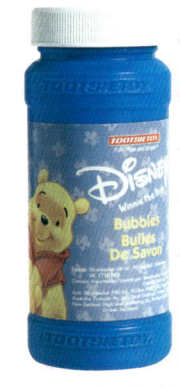
시판용 일반 버블 용액(무독성)

## 코팅된 종이로 만든 학습 버블 도구

ㄱ ㄷ ㅜ J ㅎ ㅁ

## 다양한 구멍의 종이컵 도구

여러 개의 구멍을 낸 종이컵

큰 구멍을 낸 종이컵

작은 구멍을 낸 종이컵

## 빨대, 털실, 찰흙 밀대

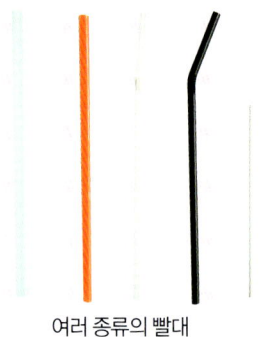
여러 종류의 빨대

털실

찰흙 밀대

## 옷걸이로 만든 도구

삼각형 모양 틀

하트 모양 틀

모양틀에 털실 도구 연결

## 기타 만들기 도구

가위

스카치테이프

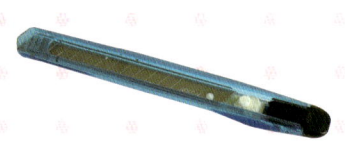
칼

학습 망치

집게

접착제

## 각종 용기, 쟁반, 컵

## 기타 도구

삼각자     삼각플라스크     분무기

털장갑     우드락     물감

# 잘 터지지 않는 비밀 용액 만들기

시중에서 판매하고 있는 용액으로 버블 놀이를 하다 보면 비교적 빨리 터져버리는 경우가 많습니다.
그렇다면 잘 터지지 않는 스타킹 버블맨의 용액은 어떻게 만들어질까요?

### 준비물

물엿, 글리세린, 유리 볼,
일반 판매용(무독성) 버블 용액,
나무젓가락

## 1

버블맨의 비밀 용액을 만들기 위한 준비물을 준비합니다. 먼저 일반 판매용 버블 용액, 글리세린, 물엿을 14 : 1 : 1 비율로 맞추어 섞기 위해 일반 판매용 버블 용액 700ml를 볼에 넣어 둡니다.

## 2

볼에 글리세린과 물엿을 각각 50ml씩 넣습니다. 물엿은 습기를 흡수해 버블막이 건조해지는 것을 방지하며, 글리세린은 버블막을 튼튼하게 하여 잘 터지지 않고 버블이 오래가도록 만들어 줍니다.

# 3

나무젓가락으로 잘 저어 줍니다. 배합이 잘 된 경우 기포가 많이 생깁니다. 기포는 잘 걷어내도록 합니다.

# 4

배합한 후에 하루 정도 숙성시키면 잘 터지지 않는 버블 용액이 완성됩니다. 이렇게 하면 스타킹 버블맨이 스타킹에 출연하거나 공연을 할 때 사용하는 용액과 같은 것이 됩니다.

> **TIP**
>
> 14.1.1 배합으로 버블 용액을 만들면 확실히 일반 시판용 버블 용액보다 잘 터지지 않고 놀이를 할 수 있지만 배합이 귀찮고 좀더 완벽한 버블 용액이 필요하다면 www.bubbleshow.asia의 쇼핑몰에서 구매하면 됩니다.

● **꼭 알아두세요!** ●

비밀 용액을 배합할 때 반드시 무독성 버블 용액을 사용해야 합니다. 주방세제의 계면활성제는 아이들의 피부를 거칠고 민감하게 만들 수 있으므로 사용하지 않습니다.

# 안전하게 놀아요

이 책의 버블 체험 놀이는 5세 이상의 아이들이 부모님이나 선생님과 함께 체험할 수 있도록 구성되어 있습니다. 버블 도구를 만들고 특정 제품을 사용하다가 날카로운 것에 찔리거나 하는 부상 위험이 있습니다.

### 피부에 묻었을 때
버블 놀이를 한 후에는 손에 묻은 용액을 깨끗이 씻고 로션을 발라 주세요. 특히 민감성 피부를 가진 아이들은 피부에 직접 닿지 않도록 조심해 주세요. 주방 세제는 가능한 한 사용하지 말아 주세요.

### 먹었을 때
빨대 등의 도구를 이용해서 놀이 체험을 할 경우 버블 용액을 먹지 않도록 주의를 주세요. 만약 버블 용액을 먹었다면 깨끗한 물로 잘 헹구어 내세요.

### 미끄러지지 않게
실내에서 버블 놀이를 하다 보면 바닥에 떨어진 용액 때문에 미끄러워 넘어질 수 있습니다. 바닥을 자주 닦고 아이들에게 조심할 수 있도록 주의를 주세요.

# PART 1

비싼 도구 없이 만드는 멋진 버블

BUBBLE BUBBLE : 01

# 쉽게 만드는, 종이컵 버블

종이컵을 활용해
버블을 쉽게 만들 수 있습니다.

**준비물**
용액, 용기, 종이컵, 칼

### 아빠가 설명해 주세요

호흡 조절을 통해서 큰 버블과 작은 버블을 만들 수 있고, 풍선에 공기가 들어 있는 것처럼 버블 안에도 공기가 있어 공기의 양에 비례하여 버블 크기가 달라집니다.

## 따라해 볼까요

**1** 준비된 종이컵의 밑부분에 칼을 이용해서 '+' 모양의 칼집을 냅니다.

**2** 종이컵 위쪽을 용액에 담근 후에 비누막이 만들어졌는지 확인합니다.

**3** 비누막이 형성되어 있다면 '+' 구멍으로 바람을 '후' 하고 불면 멋진 버블이 완성됩니다.

**4** 종이컵 아래 구멍을 크게 만들고, 호흡을 길게 하여 불면 대형 버블도 만들 수 있습니다.

💛 혼자 또는 아빠와 함께 해요

야외에서

## 이렇게도 놀아요

### 버블 뭉쳐 불기

종이컵 밑부분에 여러 개의 구멍을 내면 여러 개의 버블이 뭉쳐서 나옵니다.

BUBBLE BUBBLE : 02

# 대롱대롱 매달아요, 버블

종이컵 밑부분의 구멍을 막으면 버블이 달아나지 않고 종이컵에 대롱대롱 매달려 있습니다.

**준비물**
용액, 용기, 종이컵, 칼

**아빠가 설명해 주세요**

버블 속 공기가 빠지면서 버블의 부피가 점점 작아지는 것을 알 수 있습니다.

## 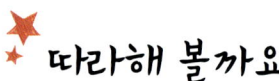 따라해 볼까요

**1**

준비된 종이컵의 밑부분을 칼을 이용해서 동그란 모양으로 구멍을 냅니다.

**2** 종이컵 위쪽을 용액에 담근 후 비누막이 만들어졌는지 확인합니다.

## 3

비누막이 형성되어 있다면 버블을 만든 후 종이컵에서 떨어지지 않게 합니다.

'후우욱~~' 하고 호흡을 길게 하여 큰 버블을 만듭니다.

## 4

버블이 종이컵에서 떨어지지 않은 상태에서 재빨리 검지 손가락으로 구멍을 막습니다.

## 5

손가락을 놓기 전까지는 버블의 크기가 계속 유지되면서 대롱대롱 매달려 있게 됩니다.

## 혼자 또는 아빠와 함께 해요

구멍에 손가락을 집어넣은 후 가지고 놀 수 있습니다.

**야외에서**

## 이렇게도 놀아요

### 버블 터뜨리기

야외에서 친구와 함께 종이컵에 매달린 버블을 만들고 고무공으로 터뜨리기 놀이를 해 봅니다.

하나

# 크기가 달라져요, 빨대 버블

BUBBLE BUBBLE : 03

서로 다른 크기의 빨대를 이용해
때론 작게, 때론 크게
버블을 만들 수 있습니다.

**준비물**
용액, 용기, 크기가 다른 빨대 3개, 가위

**유의사항**
빨대를 사용할 때에는 아이가 용액을 빨아들이지 않도록 합니다.

**아빠가 설명해 주세요**

비누막이 형성되는 빨대 끝의 둘레를 다르게 하면 버블의 크기도 달라집니다.

 따라해 볼까요

**1**

두께가 서로 다른 세 개의 빨대를 이용해 버블을 만들어 보면서, 버블의 크기가 달라지는 것을 아이들에게 설명합니다.

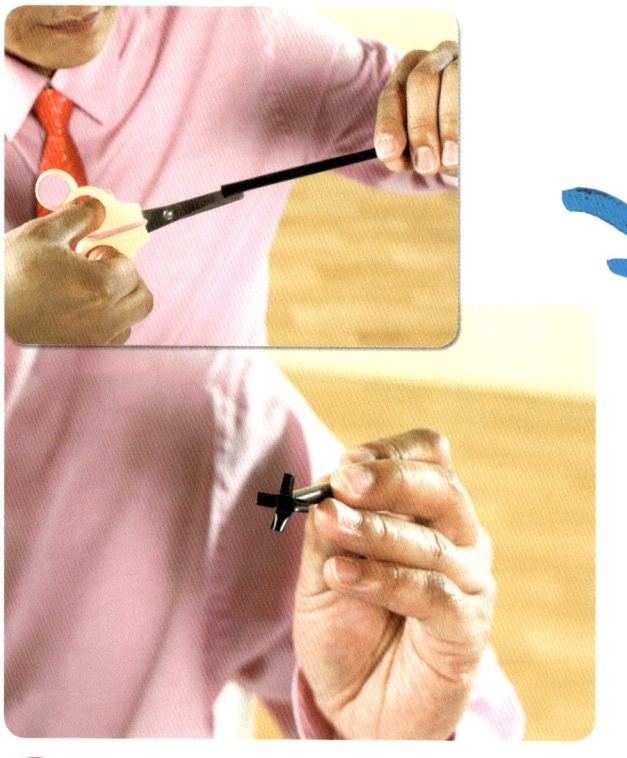

**2** 이번에는 중간 두께인 빨대의 끝을 가위로 잘라 그림처럼 꽃 모양으로 만듭니다.

**3** 꽃 모양으로 벌어진 빨대를 용액에 담근 후 버블을 만들면 앞서 만든 두꺼운 빨대보다 더 큰 버블이 만들어집니다.

💛 혼자 또는 아빠와 함께 해요

야외에서

# 신기해요, 할아버지 곰방대 버블

BUBBLE BUBBLE : 04

할아버지 담배 피던 시절의 곰방대로
버블을 만들 수 있습니다.

**준비물**
용액, 용기, 빨대,
종이컵 큰 것, 칼

## ⭐ 따라해 볼까요

**1** 종이컵 중간 지점에 빨대 크기의 구멍을 뚫은 후 꽂아서 곰방대처럼 만듭니다.

**2** 종이컵을 뒤집어 용액에 담근 후 비누막을 확인합니다.

**3** 빨대를 이용해서 불면 할아버지 곰방대에서 버블이 만들어집니다.

**4** 종이컵에 구멍을 두 개 뚫은 후 아빠와 함께 버블을 만들 수 있습니다.

## 혼자 또는 아빠와 함께 해요

야외에서

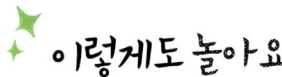 이렇게도 놀아요

## 버블 속에 버블 넣기

하나

빨대 끝에 용액을 적셔 아이가 먼저 버블을 만들면, 그 버블 안에 아빠가 버블을 넣는 방법입니다.
순서를 바꿔서 하면 아이들이 더 좋아합니다.

BUBBLE BUBBLE : 05

# 직접 만들어요, 멋진 버블 도구

옷걸이를 이용해 버블 도구를 만들면
이제 비싼 버블 도구가 필요 없습니다.

**준비물**
용액, 넓은 쟁반, 옷걸이

## 호기심 과학

**아빠가 설명해 주세요**

별 모양, 삼각형 모양, 사각형 모양 등 어떠한 모양을 만들더라도 동그란 버블만 만들어지는 것을 알 수 있습니다. 이것은 액체가 그 표면을 작게 하려는 성질을 가지고 있기 때문입니다. 즉, 표면을 더 작게 만들기 위해 당기는 힘을 표면장력이라고 하며, 이 표면장력 때문에 비눗방울은 둥근 원 모양이 되는 것입니다.

● **꼭 알아두세요!** ●

모든 면이 막혀 있다면 비누막은 잘 만들어지며, 어떤 틀이든 버블이 잘 만들어집니다.

## ★ 따라해 볼까요

**1** 옷걸이를 이용해 그림처럼 하트 모양의 틀을 만듭니다.

틀이 완전히 잠길 수 있는 넓은 쟁반을 준비합니다.

**2** 쟁반에 용액을 붓습니다.

틀이 평평해야만 비누막이 잘 만들어져요.

**3** 하트 모양의 틀을 용액에 담근 후 비누막이 터지지 않도록 합니다.

**4** 입으로 불어서 버블을 완성합니다. 시판용이나 특수 제작된 전문가용 못지않게 큰 버블이 만들어집니다.

**5** 옷걸이를 이용해 토끼 모양틀이나 별 모양틀도 만들 수 있습니다.

## 혼자 또는 아빠와 함께 해요

야외에서

## 이렇게도 놀아요

### 모양틀로 길고 큰 버블 만들기

하나

여러 가지 모양으로 만든 틀에 털실을 감고, 아래에서 위로 또는
왼쪽에서 오른쪽으로 크게 휘저으면 길고 큰 대형 버블이 만들어집니다.

모양틀에 털실을 감으면 비누막이 잘 만들어져서 더 크고 멋진 버블을 만들 수 있답니다.

야외에서

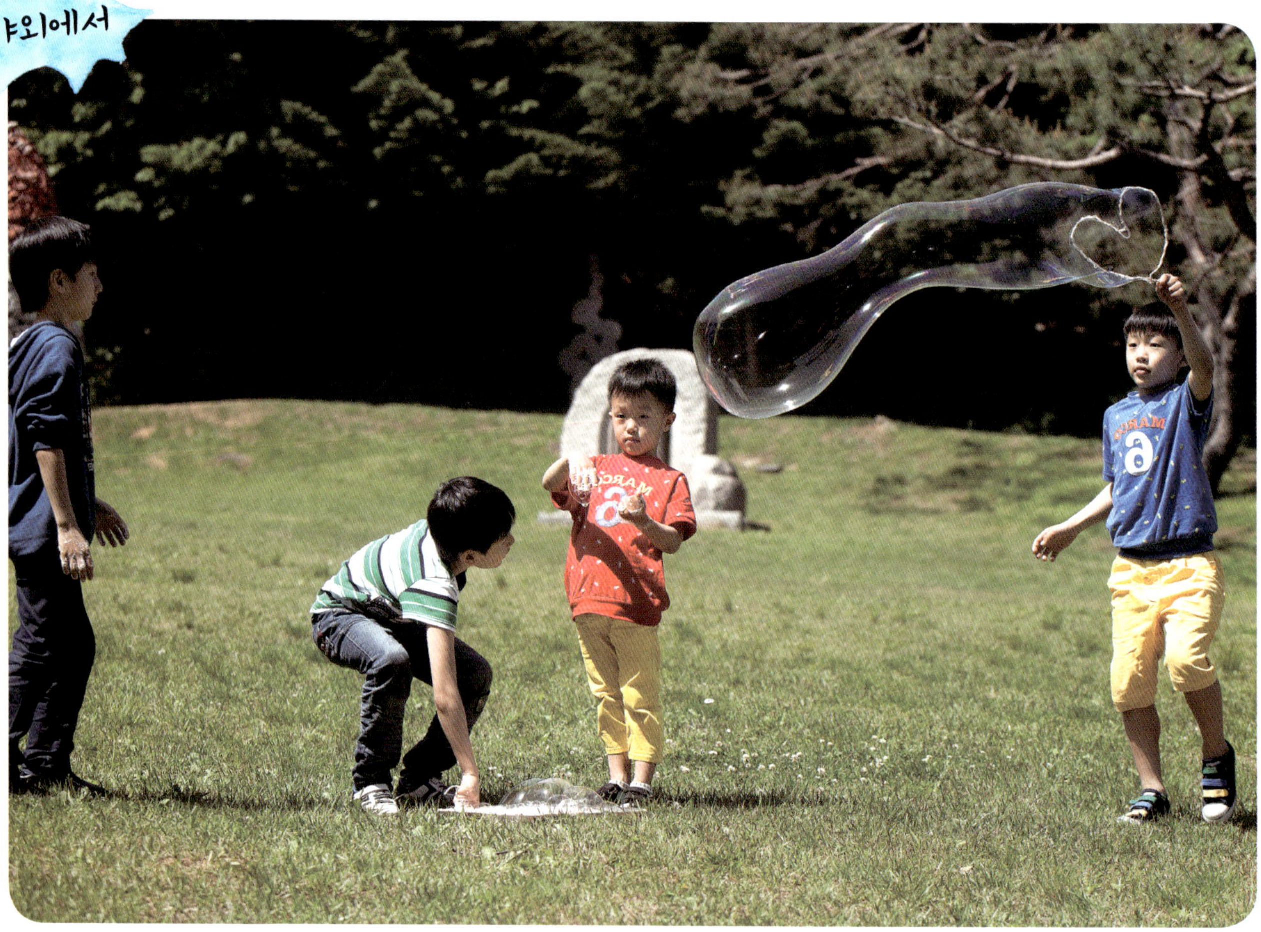

## 버블 안에 여러 개의 버블 만들기

버블이 틀에서 떨어지지 않도록 천천히 호흡을 길게 하면서 대형 버블을 만듭니다. 그리고 만들어진 대형 버블 옆에서 호흡을 짧게 '후', '후' 하고 불면 대형 버블 안에 작은 버블들이 만들어집니다.

## 삼각자로 버블 만들기

삼각자나 기타 구멍이 난 도구를 이용하여 버블을 만들 수 있습니다.

BUBBLE BUBBLE : 06

# 버블로 보는 세상, 버블안경

버블로 보는 세상은 어떨까요?
만든 안경에 버블을 씌워 신나게 놀 수 있습니다.

**준비물**
용액, 용기, 동그란 모양의
가베 2개, 나무젓가락, 접착제

## ⭐ 따라해 볼까요

**1** 동그란 모양의 가베 두 개를 그림처럼 연결하여 접착제를 붙입니다.

**2** 나무젓가락을 적당히 잘라 그림처럼 양쪽에 접착제로 붙이면 안경다리가 완성됩니다.

**3** 안경 알 부분을 용액에 담근 후 버블이 떨어지지 않도록 불어서 그림처럼 버블을 만듭니다.

이때 눈에 버블이 직접 닿지 않도록 주의합니다.

**4** 버블 안경을 아이에게 씌워 줍니다.

# 종이만 있어도 돼요, 버블 불기

BUBBLE BUBBLE : 07

종이만 있어도 된다는 말에 신난 아이들,
종이 한가운데 구멍을 내어
불어보는 버블 놀이입니다.

**준비물**
용액, 넓은 쟁반,
8절 크기의 두꺼운 종이
여러 장, 가위

## ⭐ 따라해 볼까요

**1** 준비된 크기의 종이를 반으로 접습니다.

**2** 가위를 이용해서 접은 종이 중간 지점에 삼각형 모양으로 잘라서 펼치면 마름모 모양이 만들어집니다.

**3** 넓은 쟁반에 용액을 붓고, 종이의 오려진 부분을 용액에 담근 후 비누막을 만듭니다.

**4** 비누막이 형성되어 있다면 입으로 '후' 하고 불어 버블을 만들 수 있습니다.

**5** 종이는 빠르게 버블을 만들 수 있는 장점이 있지만 종이가 젖어 계속 사용하기 불편하므로 종이를 코팅해서 사용하면 좋습니다.

## 💛 혼자 또는 아빠와 함께 해요

 **이렇게도 놀아요**

## 버블 공부  하나

버블도 만들고 한글이나 알파벳을 배울 수 있습니다.
버블을 만들기 전 아이들에게 질문하고 맞추면 버블을 만들어 주는 놀이입니다.

아이가 'ㄱ'이라고 외치면
아빠가 버블을 불어 줍니다.

## 숫자 배우며 버블 터뜨리기  둘

1, 2, 3……! 숫자를 외치면서 손가락으로
찔러 버블을 없애는 놀이입니다.

야외에서

# 코팅 종이로 만드는, 대형 버블

BUBBLE BUBBLE : 08

코팅된 종이 한가운데에
큰 구멍을 내어 불면
대형 버블을 만들 수 있습니다.

**준비물**
용액, 넓은 쟁반, A4 크기의 코팅된 종이, 가위

## 따라해 볼까요

**1** 코팅된 종이의 중간을 지름 15cm 크기로 자릅니다.

**2** 코팅된 종이 크기 이상의 넓은 용기에 용액을 붓고, 오려진 부분에 용액을 담근 후 비누막을 만듭니다.

**3** 코팅된 종이에서 30cm 정도의 거리를 두고 '후~' 하고 길게 불면 대형 버블이 만들어집니다.

**4** 이번에는 다양한 모양으로 만들어 아이들과 함께 도형 공부도 하면서 버블을 만들어 봅니다.

💛 혼자 또는 아빠와 함께 해요

🌟 야외에서

## 이렇게도 놀아요

### 버블 총싸움 · · · · · · · · · · · · · · · · · · · · 하나

아빠와 함께 버블을 발사하여 서로에게 공격하는 놀이입니다.

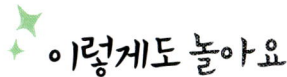

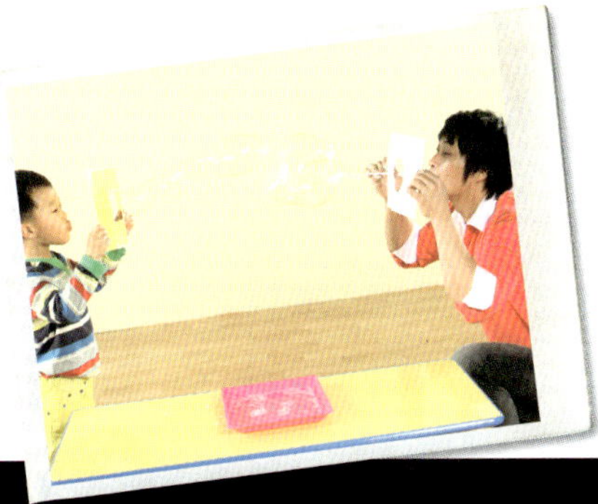

야외에서

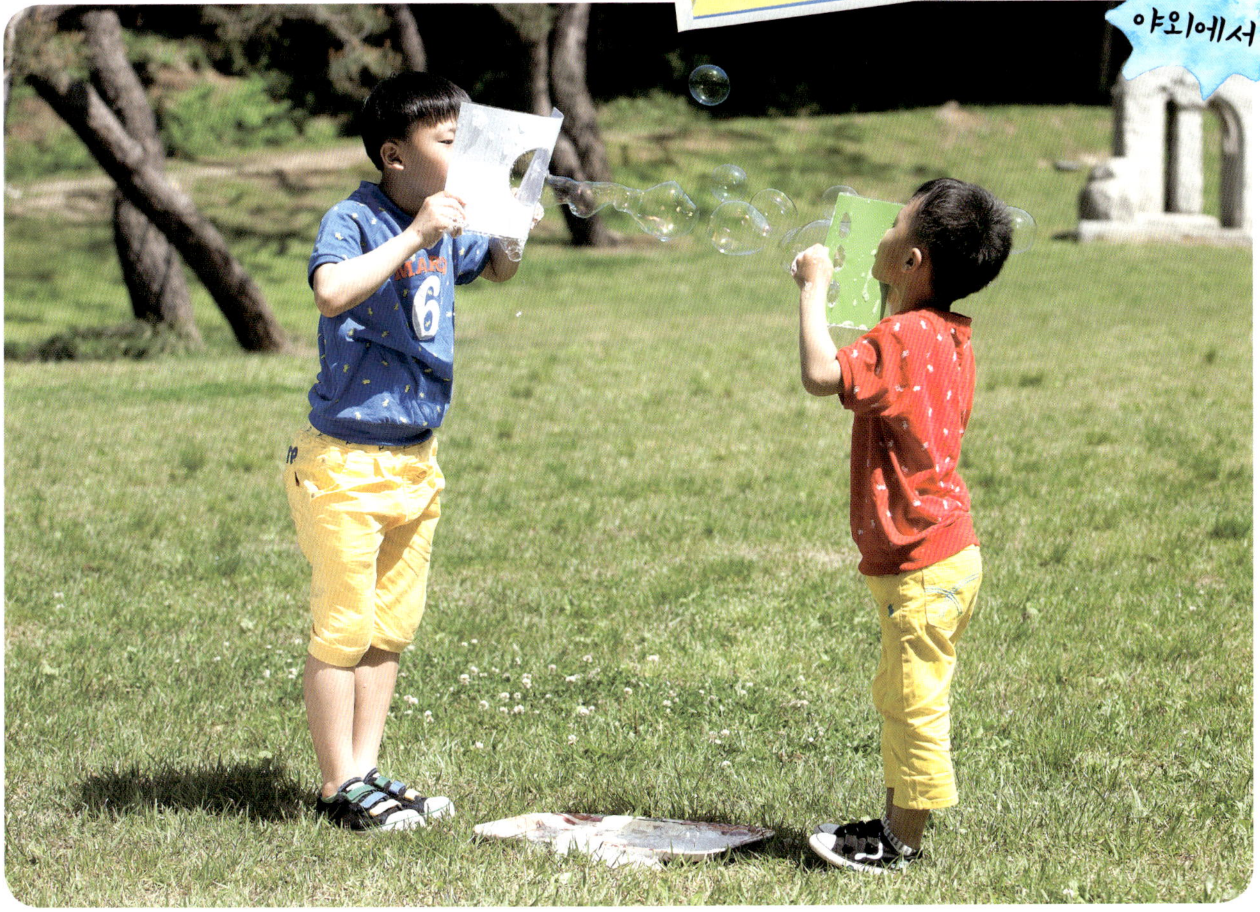

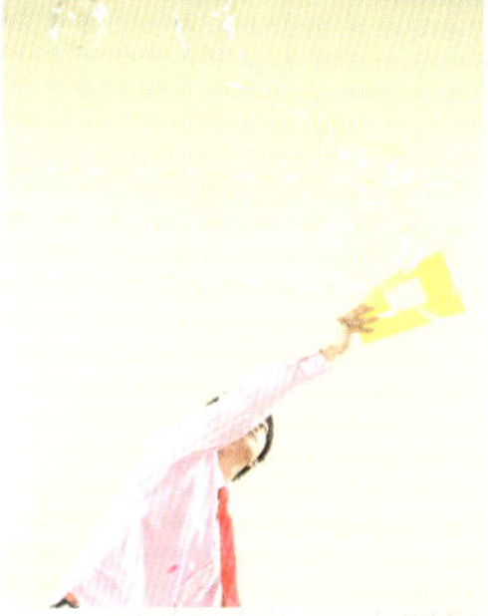

### 모양틀로 길고 큰 버블 만들기 · · · · · · · · · · · · 둘

걸어가면서 휘저으면 길고 커다란 버블이 나옵니다.

BUBBLE BUBBLE : 09

# 터지지 않게, 버블 자르기

방송에 출연한 스타킹 버블맨 아저씨처럼
나도 버블을 자를 수 있습니다.

**준비물**
---------------
용액, 용기, 큰 빨대 1개,
작은 빨대 1개

### 아빠가 설명해 주세요

버블은 70% 이상 물로 이루어져 있어 물이나 용액이 묻은 빨대를 이용해 버블이 터지지 않게 자를 수 있습니다.

## ★ 따라해 볼까요

**1** 준비한 빨대 두 개를 용액에 담급니다.

**2** 큰 빨대를 이용해서 버블을 만듭니다.

작은 빨대에는 용액이나 물이 듬뿍 적셔져 있어야 합니다.

**3** 공중에 있는 버블을 작은 빨대를 이용해 아래에서 위로 빠르게 움직이면 버블이 두 개로 잘라집니다.

💛 혼자 또는 아빠와 함께 해요

## 이렇게도 놀아요

### 맨손으로 버블 자르기

하나

용액을 손목까지 적시고 버블을 만들어 자르기 놀이를 할 수 있습니다. 먼저 터지지 않고, 누가누가 버블을 많이 자를 수 있는지 내기를 해 봅니다. 여러 명의 아이들과 함께 신나게 놀 수 있는 방법입니다.

1

2

3

야외에서

# PART 2

# 마법의 버블손

# 맨손으로 만들어요, 버블맨

**BUBBLE BUBBLE : 01**

도구가 없더라도 비누막만 형성되어 있으면 맨손으로도 충분히 버블을 만들 수 있습니다.

**준비물**
용액, 용기(양손이 들어갈 수 있는 크기)

**유의사항**
버블 놀이를 끝낸 후 손을 깨끗이 씻고 로션을 꼭 발라 줍니다.

 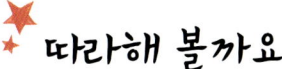

**1** 엄지와 검지 손가락을 서로 맞대어 동그랗게 만드는 연습을 해 봅니다.

**2** 손가락을 원래대로 풀고 손을 그대로 용액에 담급니다. 이때 버블 용액이 손 전체에 잘 적셔지도록 합니다.

## 3

적신 손을 그대로 용액에서 뺀 후 그림처럼 손가락 사이에 비누막이 형성되어 있는 것을 확인합니다.

이때 비누막이 계속 형성되어 있어야 하며 입쪽으로 가져가는 순간 손가락이 풀리면 막이 터지는 경우가 종종 발생하므로 유의합니다.

## 4

적당한 거리에서 손가락을 입으로 '후' 불어서 날려 봅니다.

### 혼자 또는 아빠와 함께 해요

야외에서

## 이렇게도 놀아요

### 버블 공 던지기
하나

터지지 않고 누가누가 버블을 잘 던지나 내기를 해 봅니다.
**1** 손을 용액에 적셔 비누막을 확인하고 엄지와 검지 사이로 공기를 불어 넣습니다(여기서 호흡을 끊지 않는 것이 중요합니다).
**2~3** 커다란 버블이 만들어지면 검지와 엄지를 붙이고 손바닥을 아래로 향하도록 쫙 펴 줍니다.
**3** 그리고 손바닥이 하늘로 향하도록 재빨리 뒤집어 줍니다.
**4** 손바닥을 살짝 튕기듯이 올리면 버블 공이 하늘로 날아갑니다.

야외에서

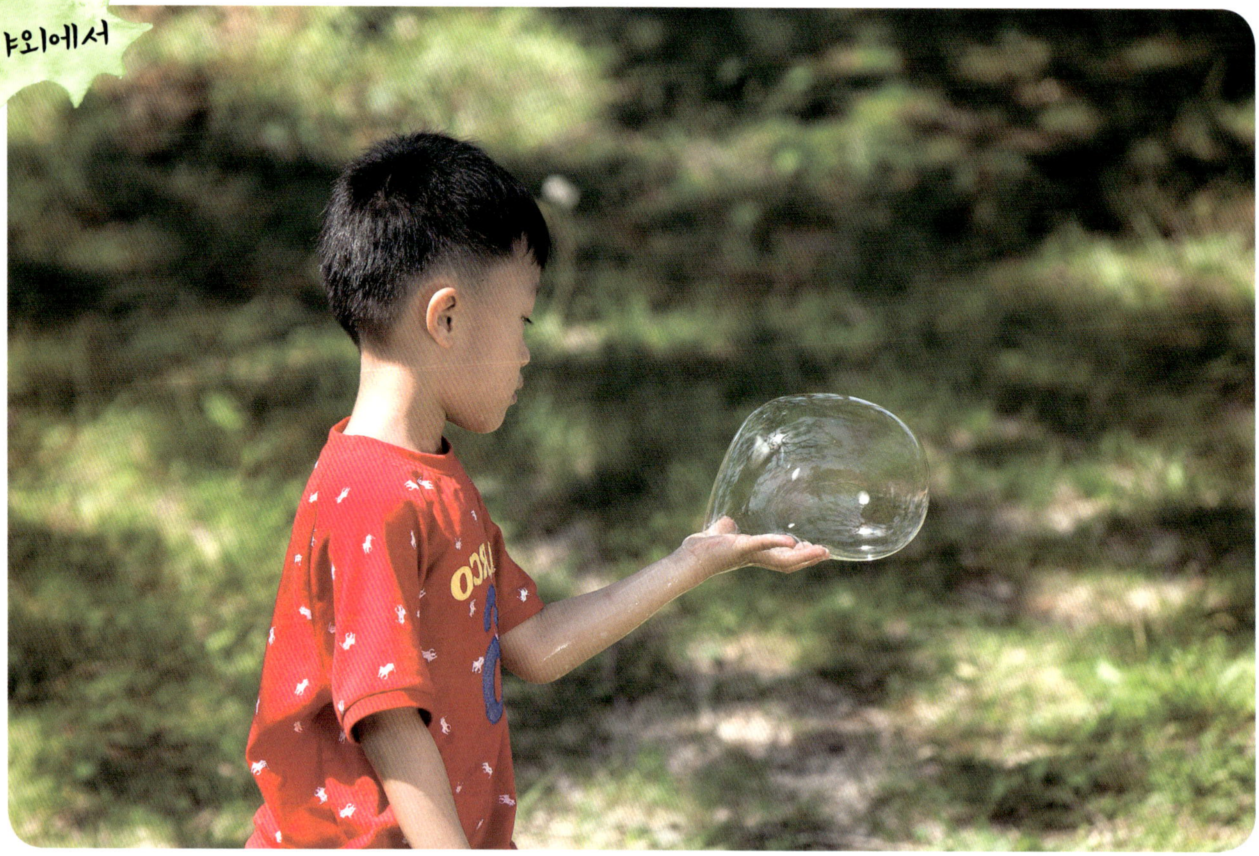

# 버블 용수철

둘

오른손으로 버블을 만들면서 왼손으로 받쳐 줍니다. 이때 왼손에도 용액이 적셔져 있어야 합니다.
그리고 버블이 적당한 크기로 완성되면 공기가 들어간 오른손을 닫아 줍니다. 버블을 위아래로 가지고 놀아 봅니다.

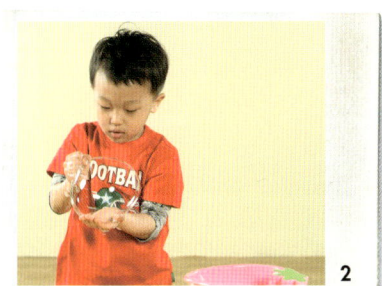

야외에서

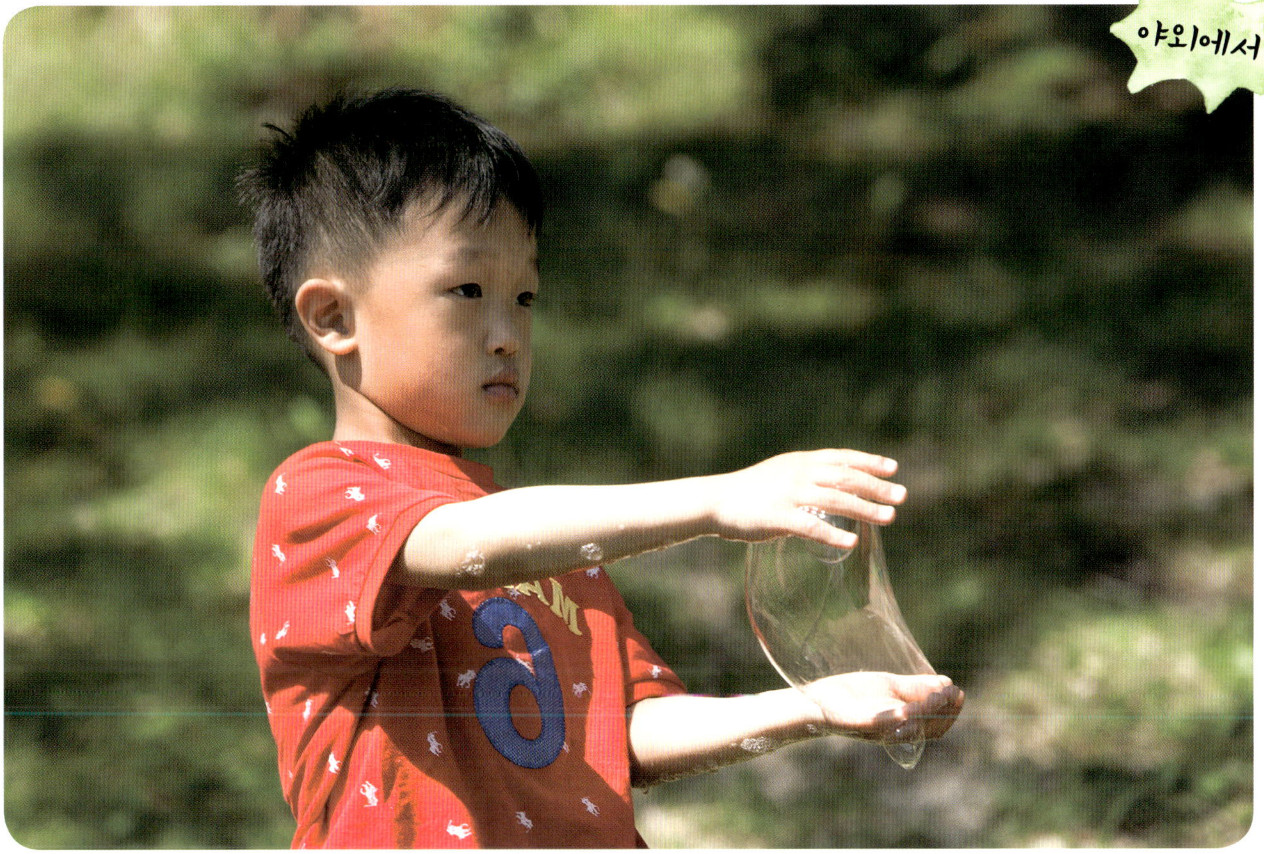

# 버블 마법사처럼, 양손 버블

 BUBBLE BUBBLE : 02

버블 마법사처럼 양손을 이용해
버블 속에 버블을 넣기도 하고,
버블을 뜯어낼 수도 있습니다.

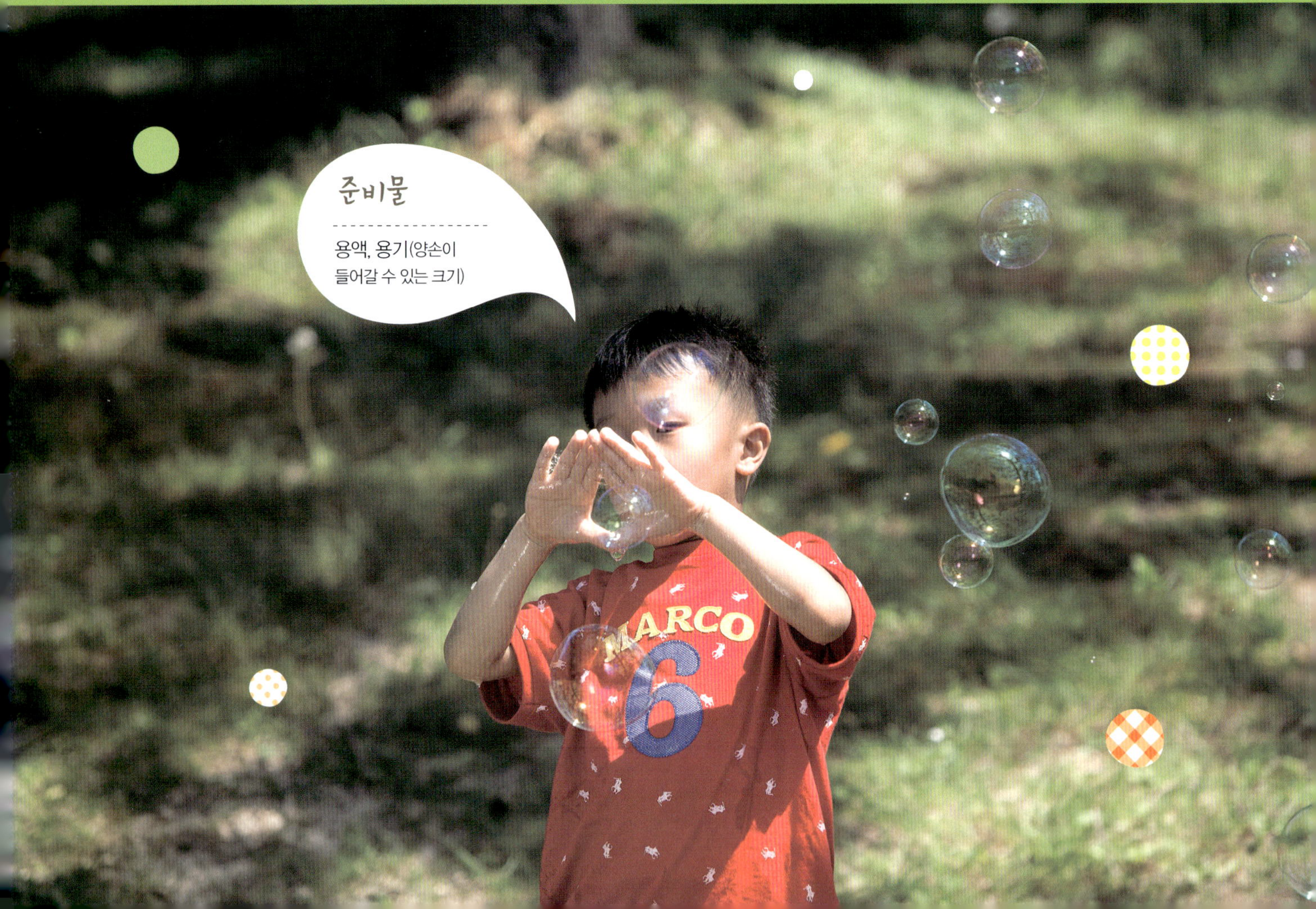

**준비물**
용액, 용기(양손이 들어갈 수 있는 크기)

## ⭐ 따라해 볼까요

**1** 오른손 위에 왼손을 올리고 슬라이드 형태로 '열었다 닫았다' 하는 연습을 합니다.

**2** 양손을 그대로 용액에 담급니다.

이때 양손이 떨어져서 비누막이 터지지 않도록 유의합니다.

**3** 왼손을 펼치면서 그림처럼 삼각형 모양을 만듭니다.

**4** 비누막을 확인한 후 '후~' 하고 불어 봅니다. 한 손으로 만든 버블보다 더 큰 버블이 만들어집니다.

## 혼자 또는 아빠와 함께 해요

야외에서

## 이렇게도 놀아요

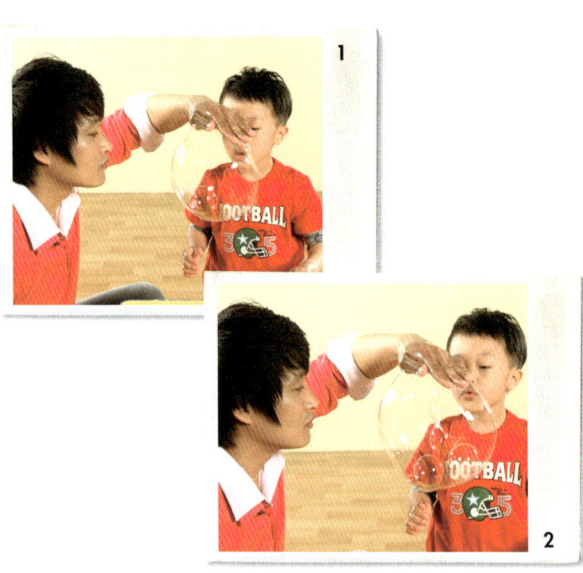

### 버블 잡고 버블 안에 버블 넣기

하나

아빠가 한 손으로 버블을 만들어서 잡고 버블 옆에서 아이가 '후' 하고 불면 버블 속에 작은 버블이 만들어집니다. 또는 아이의 양손에 대형 버블을 길게 만들고 아빠가 버블을 입으로 불어 봅니다. 아이의 양손에도 반드시 용액이 적셔져 있어야 합니다.

야외에서

## 버블 뜯기

양손을 이용해서 하나의 버블을 뜯어서 두 개로 만들 수 있습니다.
버블을 길게 하나 만들고 오른손을 늘어뜨리면서 밀가루 반죽을 뜬다고 생각하고 재빨리 떼어 냅니다.

야외에서

# 흔들흔들 움직이는, 버블 유령

BUBBLE BUBBLE : 03

내 손바닥 위에서 버블이 흔들흔들 움직이면서 춤을 춥니다.

준비물
---
용액, 용기

## ⭐ 따라해 볼까요

**1** 양손을 버블 용액에 담근 후 먼 거리에서 호흡을 길게 하여 천천히 불면 대형 버블이 만들어집니다.

**2** 공기가 빠져나가지 못하게 양손을 재빨리 닫고, 그림처럼 양손을 펼쳐 줍니다.

**3** 양손을 버블을 감싸듯이 크게 회전시킨 후 그림처럼 양손의 손바닥이 하늘로 향하면서 버블을 받쳐 줍니다.

**4** 양손을 서로 다르게 아래위로 흔들어 주면 살아 움직이는 버블 유령이 완성됩니다.

♥ 혼자 또는 아빠와 함께 해요

야외에서

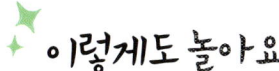 이렇게도 놀아요

## 버블 안에 크고 작은 버블 넣기

하나

버블이 매달려 있는 상태에서 입을 최대한 가까이 붙여서 호흡을 짧게 하여 불어 주면 버블 안에 버블이 들어가게 됩니다.

호흡을 길게 하고 불면 양손에 매달린 버블 자체가 날아갈 수도 있으니 유의합니다.

# 펑펑 쏟아지는, 함박눈 버블

BUBBLE BUBBLE : 04

아이들이 버블 놀이에서 가장 좋아하는 것은
한꺼번에 버블을 많이 만드는 것입니다.
양손을 이용해 펑펑 쏟아지는
함박눈처럼 버블을 많이 만들 수 있습니다.

**준비물**
---
용액, 용기

## 따라해 볼까요

**1** 양손을 깍지 끼고, 그대로 용액에 담급니다.

**2** 깍지 낀 양손을 약간만 풀어서 손가락과 손가락 사이에 생긴 비누막을 잘 확인합니다.

**3** 입에서 10cm 정도 띄우고 불어 주면 많은 양이 버블이 만들어집니다.

**4** 그리고 버블이 나온 후 비누막이 없어지면 버블 용액에 양손을 담그지 않고 손가락 사이의 공간을 닫았다가 열면 다시 비누막이 생기며, 2~3회 정도는 가능합니다.

♥ 혼자 또는 아빠와 함께 해요

야외에서

# PART 3

# 드라이아이스를 이용한 **과학상상** 버블

BUBBLE BUBBLE : 01

# 둥둥 떠다니는, 버블 공중부양

드라이아이스를 이용하면 버블이 용기 안에서 둥둥 떠다닙니다.

**준비물**
용액, 용기, 드라이아이스, 큰 플라스틱 용기, 장갑, 집게, 얇은 빨대, 마른 수건, 망치

**유의사항**
드라이아이스는 맨손으로 만지면 화상을 입을 수 있기 때문에 반드시 장갑을 착용해야 합니다.

### 아빠가 설명해 주세요

용기에 드라이아이스를 넣으면 드라이아이스는 승화되어 이산화탄소를 내놓고, 이 이산화탄소는 수조 안에 있던 공기를 위로 밀어 올리고 자신이 바닥에 가라앉게 됩니다. 여기에 공기가 들어 있는 비눗방울을 넣으면 밀도 차이에 의해 비눗방울이 가라앉지 않고 둥둥 뜨는 것입니다.

## 따라해 볼까요

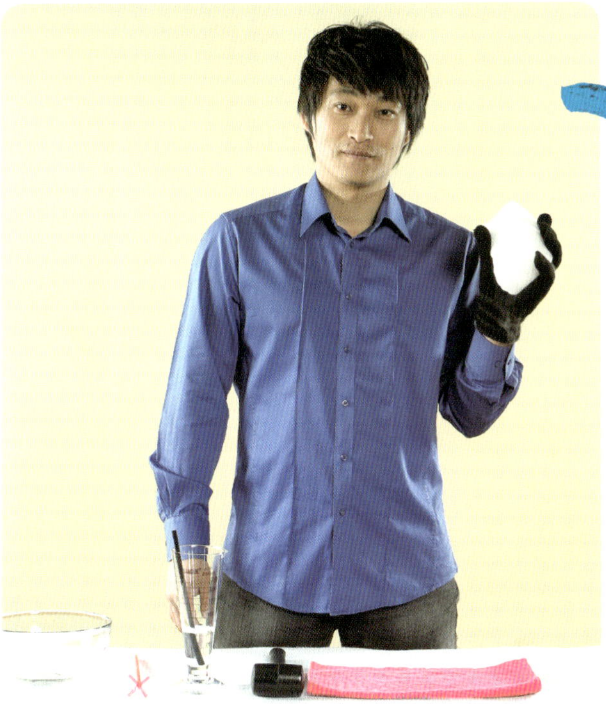

**1** 장갑을 끼고 어른 손 크기의 드라이아이스 덩어리를 준비합니다.

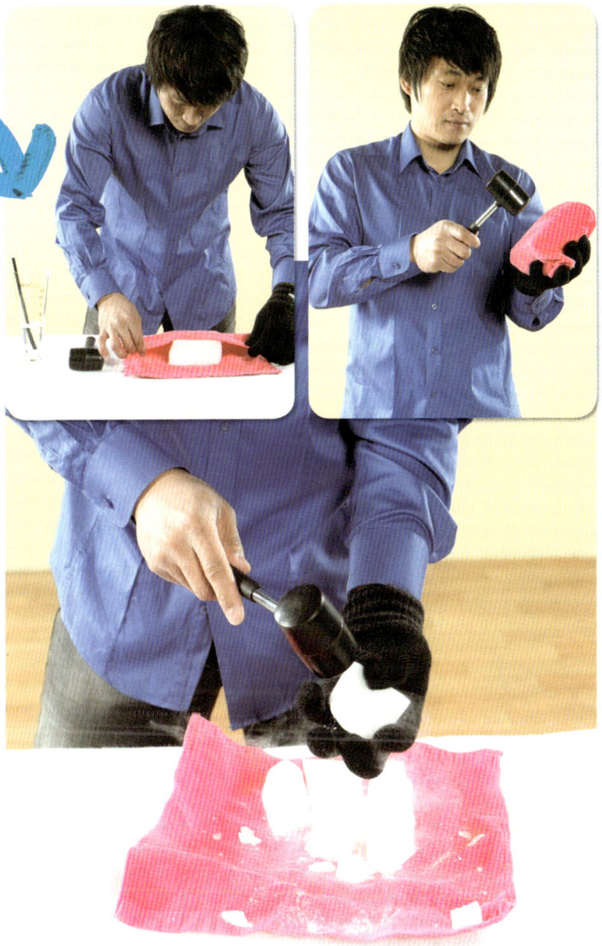

**2** 드라이아이스를 수건에 잘 싸고 망치로 두드려 적당한 크기로 쪼갭니다.

**3**

큰 플라스틱 용기에 집게를 이용해 드라이아이스를 옮겨 담습니다.

**4** 빨대를 용액에 적신 후 드라이아이스가 담긴 용기 위에 적당한 크기의 버블을 여러 개 만듭니다.

**5**

고체에서 기체로 승화하는 드라이아이스의 성질 때문에 방울이 가라앉지 않고 둥둥 떠다니는 것을 관찰할 수 있습니다.

**6**

작은 버블을 아주 많이 만들어 놓으면 버블 공중부양이 더욱 재미납니다.

얇은 빨대를 쓰는 이유는 버블을 가볍게 만들기 위해서예요.

**7** 버블이 얼어서 가라앉으면서 밑바닥에는 쪼글쪼글한 껍데기 형태로 남으며, 껍데기를 손으로 잡으면 그대로 흘러내려 버립니다.

## 혼자 또는 아빠와 함께 해요

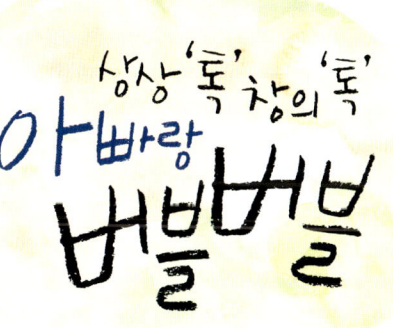

BUBBLE BUBBLE : 02

# 부풀어 올라요, 버블 구름빵

드라이아이스 연기와 용액을 이용해
부풀어 오르는 신기한 버블을 경험할 수 있습니다.

**준비물**
용액, 용기, 드라이아이스, 넓은 볼,
분무기, 장갑, 집게, 뜨거운 물,
털실, 쟁반, 망치, 수건

# ★ 따라해 볼까요

**1** 버블 공중부양에 사용했던 드라이아이스 정도의 크기를 부셔서 볼에 담은 후 볼 주위에 분무기를 이용해 물을 뿌려 줍니다.

**2** 20cm 길이의 털실은 용액에 담가 두고, 분무기를 이용해 양손을 물에 적셔 줍니다.

**3** 드라이아이스가 담긴 볼에 뜨거운 물을 반 컵 정도 부으면 엄청나게 많은 연기가 나옵니다.

**4** 연기가 어느 정도 사라지고 나면 용액에 담근 털실을 빼서 볼 윗면에 털실을 일직선으로 두고 몸쪽으로 당깁니다.

**5** 몸 안쪽으로 완전히 털실을 가져오면 불룩한 구름빵 버블이 만들어집니다.

💛 혼자 또는 아빠와 함께 해요

BUBBLE BUBBLE : 03

# 연기가 피어나는, 버블 폭탄

드라이아이스를 이용해 만든 버블을 잡고
터뜨리면 폭탄처럼 연기가 피어 나옵니다.

**준비물**

용액, 용기, 드라이아이스, 장갑,
길쭉한 주스용 컵, 집게, 망치, 수건
뜨거운 물, 5cm 높이 쟁반

## 따라해 볼까요

**1** 적당한 양의 드라이아이스 덩어리를 수건으로 감싸 망치로 부순 후 집게를 이용해 컵에 담습니다.

**2** 컵에 뜨거운 물 50ml를 붓습니다.

**3** 연기가 나오는 상태에서 용액 50ml를 붓습니다.

# 4

거품 버블이 용암처럼 부글부글 솟아오릅니다.

# 5

용암처럼 흘러나온 거품 버블을 양손으로 들어 올립니다.

# 6

양손으로 손뼉을 치면 폭탄처럼 버블이 터지면서 연기가 발생합니다.

## 혼자 또는 아빠와 함께 해요

## 이렇게도 놀아요

1

2

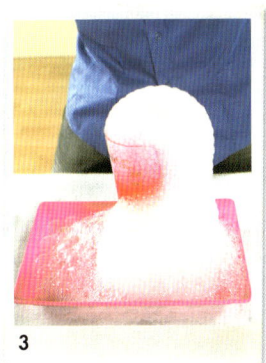
3

### 버블 용암  하나

거품 버블이 나올 때 빨강 물감을 넣으면 진짜 용암처럼 붉은색의 버블 용암이 올라옵니다.

BUBBLE BUBBLE : 04

# 암탉처럼 한 알씩, 버블 달걀

암탉이 알을 낳는 것처럼 버블 달걀이 한 알씩 한 알씩 만들어집니다.

**준비물**
---
용액, 용기, 드라이아이스, 뜨거운 물,
튜브 달린 삼각플라스크, 장갑, 집게,
빨대, 주스용 컵, 스카치테이프

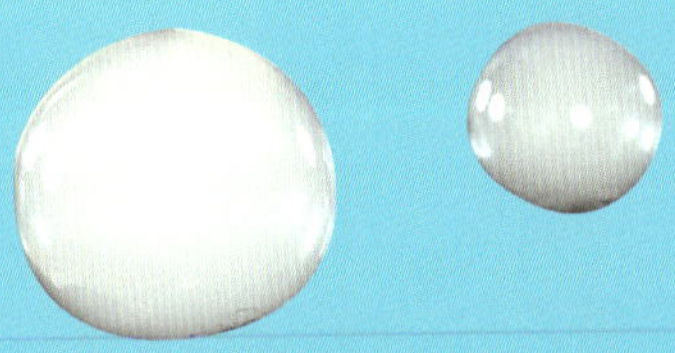

## ★ 따라해 볼까요

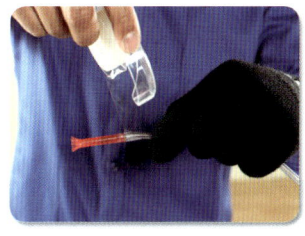

**1** 빨대를 3~4cm 크기로 잘라 앞쪽을 꽃잎 모양처럼 만들고 삼각플라스크의 튜브 끝부분에 끼워 스카치테이프로 고정시킵니다.

**2** 적당량의 드라이아이스 덩어리를 부수어 삼각플라스크에 넣고 뜨거운 물을 붓습니다.

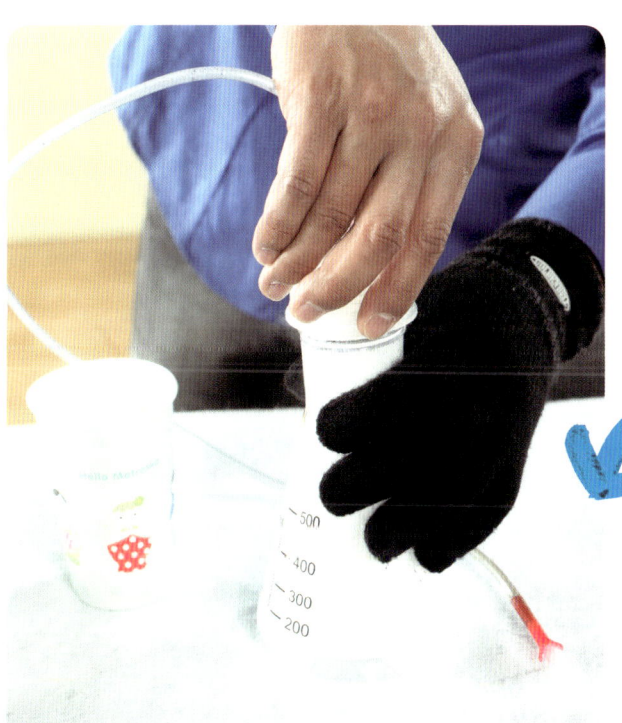

**3** 튜브 끝부분의 뚜껑을 삼각플라스크에 연결하여 단단히 잠급니다.

**4** 컵에 용액을 100ml 넣고 빨대와 튜브를 연결한 부분을 용액이 담긴 컵에 담급니다.

**5** 튜브를 용액에서 빼면 동글동글 예쁜 버블 달걀이 만들어집니다.

♥ 혼자 또는 아빠와 함께 해요

# PART 4

# 버블쇼의 주인공처럼

# 장기 자랑에 통하는, 털실 도구

BUBBLE BUBBLE : 01

작은 버블에서 큰 버블은 물론이고
방울방울 많은 양의 버블을 만들거나
기다란 버블을 만들 수 있습니다.
장기 자랑에 나가 멋진 버블맨이
되어 보면 멋질 거예요.

**준비물**
용액, 용기, 털실, 가위

### ⭐ 따라해 볼까요

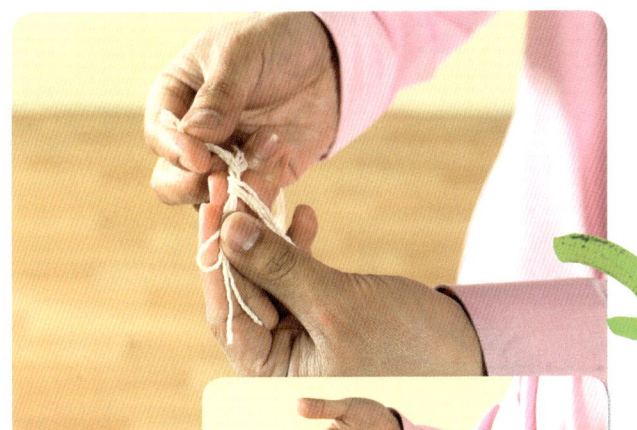

**1** 털실을 잘라 3~5겹 정도의 두께로 만들어서 연결합니다.

두꺼운 실일수록 용액을 잘 흡수해서 버블을 쉽게 만들 수 있습니다.

**2** 털실을 용액에 담급니다.

# 3

비누막이 만들어졌는지 확인한 후 줄을 가로로 길게 잡아서 하모니카 불듯이 끝에서 끝으로 불면 '퐁퐁퐁' 작은 버블이 연속적으로 만들어집니다.

# 4

이번에는 줄을 손가락으로 느슨하게 잡아서 호흡을 길게 하여 불면 큰 버블이 만들어집니다.

💛 혼자 또는 아빠와 함께 해요

야외에서

야외에서

## 이렇게도 놀아요

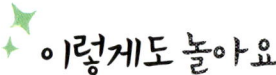

### 긴 버블 만들기 게임

하나

누가 더 긴 버블을 만드는지 내기를 해 볼까요?
줄을 잡고 밖에 있는 공기를 비누막에 담는다는 느낌으로 천천히 걸으면 놀랍게도 긴 버블을 만들 수 있습니다.

1

2

3

4

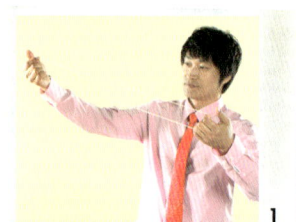

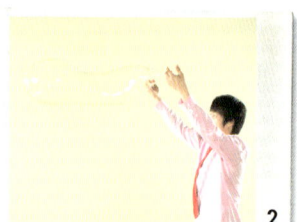

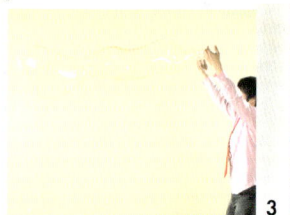

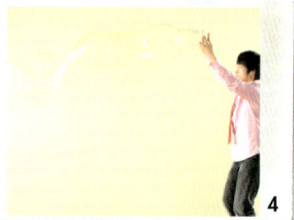

야외에서

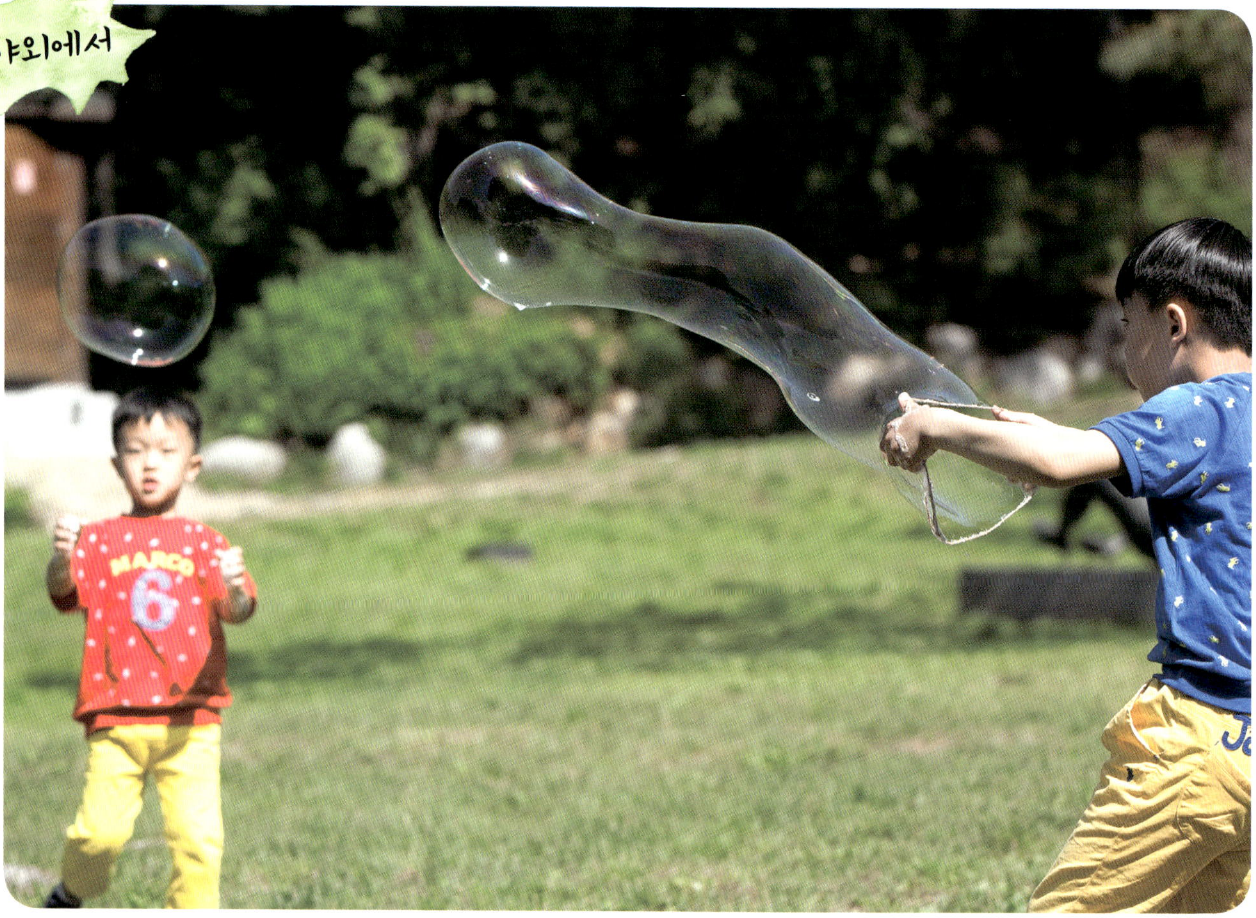

## 많은 양의 버블 만들기

줄을 그림처럼 만들면 크고 많은 양의 버블이 만들어집니다.

# 연속발사, 레이저 버블

BUBBLE BUBBLE : 02

간단한 도구를 이용해서 만들면
연속발사되는 레이저처럼 버블이 나옵니다.

**준비물**
용액, 넓은 쟁반, 털실, 가위,
막대 2개, 스카치테이프

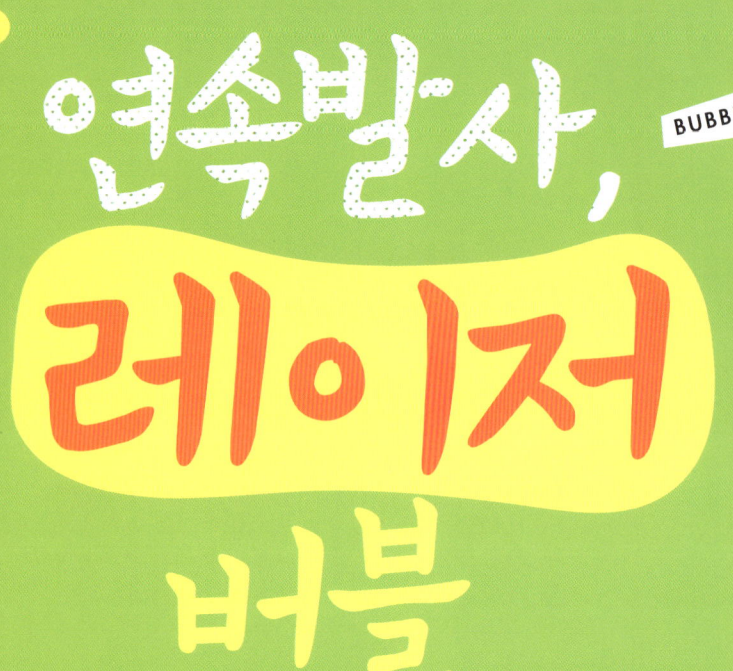

## ⭐ 따라해 볼까요

**1** 털실을 20cm로 잘라 두 개를 준비하고 막대 끝에 묶어 줍니다.

**2** 그림처럼 막대와 털실을 묶어 사각형 모양으로 만듭니다.

**3** 만든 도구를 용액이 담긴 용기에 담급니다. 이때 손가락 끝도 함께 용액에 적셔 줍니다.

**4** 입을 비누막에서 10cm 정도 띄우고, 끝에서 끝으로 가로방향으로 불면 작은 방울들이 레이저처럼 연속적으로 쏟아져 나옵니다.

**5** 이번에는 털실을 그림처럼 여러 줄 묶어서 불면 버블이 서로 뭉쳐지면서 나옵니다.

## 혼자 또는 아빠와 함께 해요

야외에서

BUBBLE BUBBLE : 03

# 잡아라 버블, 버블떼

공중에 떠다니는 버블을 하나의 큰 버블로 잡는 방법입니다.

**준비물**

용액, 넓은 쟁반, 털실, 가위, 막대 2개, 스카치테이프

## ⭐ 따라해 볼까요

**1** 앞서 만든 도구를 이용해서 여러 개의 작은 버블을 만듭니다.

이때 버블막이 터지지 않도록 유의합니다.

**2** 만들어진 버블 아래쪽에 재빨리 도구를 이동합니다.

**3** 위쪽으로 작은 버블을 감싸듯이 큰 버블을 만들어 버블틀을 잡아 봅니다.

**4** 버블을 잡은 대형 버블이 아래로 떨어지지 않도록 손으로 바람을 일으켜 위쪽으로 올려봅니다. 입으로 '후후' 불면서 풍선을 가지고 놀듯이 놀아 봅니다.

혼자 또는 아빠와 함께 해요

야외에서

# 부글부글 신기한 거품, 버블 왕관

**BUBBLE BUBBLE : 04**

거품처럼 나오는 버블을 이용해서
왕관 모양의 버블을 만들 수 있습니다.

**준비물**
용액, 용기, 플라스틱 접시,
스타킹, 찰흙 밀대 2개,
고무줄, 청색 테이프

● **꼭 알아두세요!**
스타킹으로 감싼 찰흙 밀대에서 거품 버블이 잘 나오지 않을 경우 스타킹을 잘라 뭉친 후 반대편 찰흙 밀대 안으로 밀어 넣어 주면 됩니다.

## ★ 따라해 볼까요

**1** 스타킹을 3~4겹으로 접어서 찰흙 밀대 한쪽 면에 팽팽하게 당겨서 감싸 줍니다.

**2** 고무줄로 고정시키고 고무줄 아래 2cm 정도만 남긴 후 자르고 청색 테이프로 돌려서 붙입니다.

**3** 스타킹으로 감싼 찰흙 밀대를 용액에 담근 후 플라스틱 접시에 불면 거품 버블이 나옵니다. 그림처럼 둥글고 넓적하게 거품 버블을 만듭니다.

**4** 다른 찰흙 밀대를 이용해 거품 버블 위에 큰 버블을 만듭니다.

**5** 스타킹을 감싼 찰흙 밀대를 이용해 그림처럼 거품 버블로 버블 왕관을 만듭니다. 거품 버블을 이용해 다양한 모양을 만들 수 있습니다.

✨ **이렇게도 놀아요**

1

2

3

### 버블 목걸이 · · · · · · · · · · · · · · · 하나

아빠와 함께 아이들의 목에 버블 목걸이를 만들 수 있습니다.

야외에서

BUBBLE BUBBLE : 05

# 컬러거품 버블, 거품 페인팅

컬러 거품 버블을 만들어 종이에 대어 보면 예쁜 무늬가 만들어지며,
생활 속 페르마의 점을 찾을 수 있습니다.

**준비물**

용액, 플라스틱 물컵,
초록색 물감, 플라스틱 용기,
종이, 빨대 1개

### 아빠가 설명해 주세요

페르마의 점은 삼각형의 각 꼭지점으로부터의 거리의 합이 가장 작게 되는 점입니다. 버블은 표면장력으로 인해 주어진 부피를 에워싸는 곡면들 중에서 넓이가 가장 작습니다. 이 성질로 인해 띠 모양으로 생기는 비누막은 띠로 이어지는 가장 짧은 거리를 보여주게 됩니다. 놀랍게도 사각형, 오각형의 꼭지점을 잇는 가장 짧은 거리는 대각선 모양이 아닙니다. 비누거품, 벌집, 잠자리날개 등을 통해 이를 확인할 수 있습니다. 페르마의 점은 도시와 도시를 이어주는 도로를 낼 때, 바다 유전을 연결하는 최단거리 거점을 찾을 때 수학적으로 이용됩니다.

## ★ 따라해 볼까요

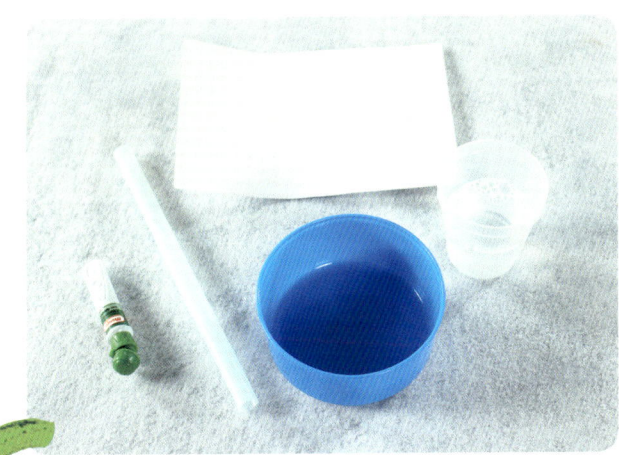

**1** 그림처럼 준비물을 준비합니다.

**2** 플라스틱 용기에 초록색 물감을 적당히 넣어 줍니다.

**3** 플라스틱 물컵에 담긴 용액을 초록색 물감이 담긴 플라스틱 용기에 붓습니다.

**4** 빨대를 세워 천천히 섞어 줍니다.

**5** 빨대를 직각으로 세우고 '후' 하고 계속 불면 초록색 거품 버블이 부글부글 올라옵니다.

빨대를 직각으로 세우지 않으면 방울방울 거품이 생기지 않고 하나만 만들어지므로 유의합니다.

**6** 초록 거품이 만들어지면 그 위에 종이를 얹고 5초 정도 기다렸다 떼어 봅니다.

**7** 종이를 말린 후 페르마의 점을 찾아봅시다.

## 혼자 또는 아빠와 함께 해요

# PART 5

# 상상 '톡' 창의 '톡' 버블 버블

# 신기해요, 3단 버블 돔

BUBBLE BUBBLE : 01

찰흙 밀대가 버블을 관통해도 버블이 터지지 않고
큰 버블 안에 작은 버블이 만들어집니다.

**준비물**
용액, 찰흙 밀대,
지름 30cm의 쟁반, 분무기,
길쭉한 플라스틱 통

## 따라해 볼까요

**1** 쟁반 위에 분무기를 이용해 물을 충분히 뿌려 줍니다.

물기가 쟁반 전체에 있어야 버블이 잘 터지지 않습니다.

**2** 쟁반 바닥 전체에 물이 고이도록 물을 적당히 붓습니다.

**3** 찰흙 밀대를 용액에 담근 후 비누막이 잘 형성되어 있는지 확인합니다.

**5** 찰흙 밀대를 큰 버블 안으로 찔러넣어 작은 버블을 만들고 찰흙 밀대를 완전히 빼냅니다.

**4** 쟁반에 큰 버블을 하나 만들고 찰흙 밀대를 완전히 빼냅니다. 만약 버블이 만들어지지 않고 계속 실패할 경우 쟁반 위에 생긴 거품을 제거하고 처음부터 다시 시작합니다.

**6** 다시 찰흙 밀대를 두 번째로 만든 버블 안으로 찔러넣어 버블을 만들고 찰흙 밀대를 완전히 빼내면 3단 버블 돔이 만들어집니다.

### 혼자 또는 아빠와 함께 해요

### 이렇게도 놀아요

**버블 무당벌레 만들기**

찰흙 밀대로 버블을 만든 후 잘라 머리 부분과 몸통 부분으로 나눕니다.
나누어진 부분을 스타킹으로 감싼 찰흙 밀대를 이용해서 거품 버블로 구분지어 봅니다.

## 누가누가 더 많이 자르나?

큰 버블을 만들고 용액에 적신 자로 자르면 버블 자르기 놀이가 가능합니다.

BUBBLE BUBBLE : 02

# 살아 있어요, 버블 애벌레

컵에 매달린 버블이 애벌레처럼 움직이는 특별한 버블 놀이입니다.

**준비물**

용액, 용기, 손잡이 컵, 큰 빨대 1개, 일반 빨대 1개, 분무기, 찰흙 밀대 1개

## ⭐ 따라해 볼까요

**1** 분무기를 이용해 컵 밑면을 물로 적셔 줍니다.

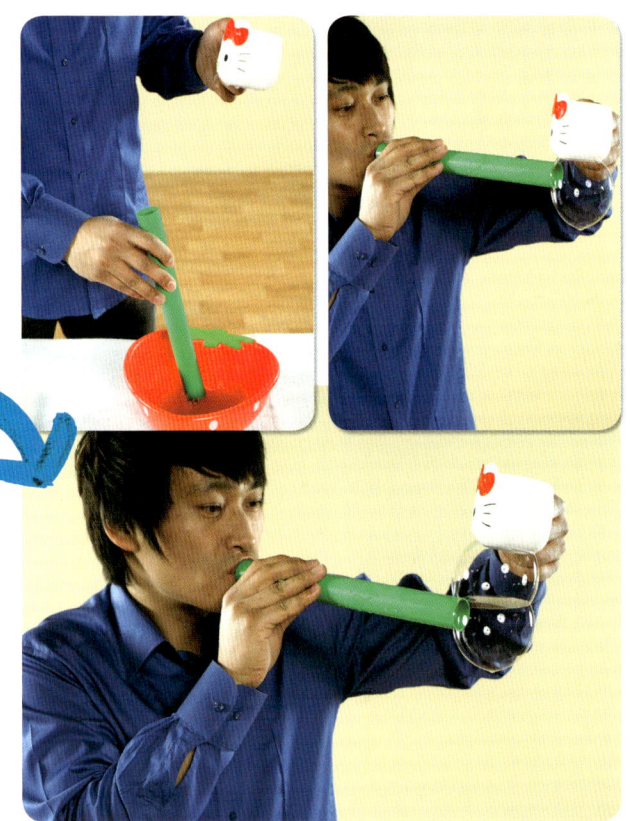

**2** 찰흙 밀대를 용액에 담근 후 컵 밑면에 버블 하나를 만들고 밀대를 떼어 줍니다. 그리고 만들어진 버블 밑에 버블을 하나 더 만듭니다.

**3** 만들어진 버블 아래쪽에 큰 빨대를 이용해 버블을 붙여서 두 개 더 만듭니다. 이때 위의 버블보다 아래 버블을 더 작게 만들어야 합니다.

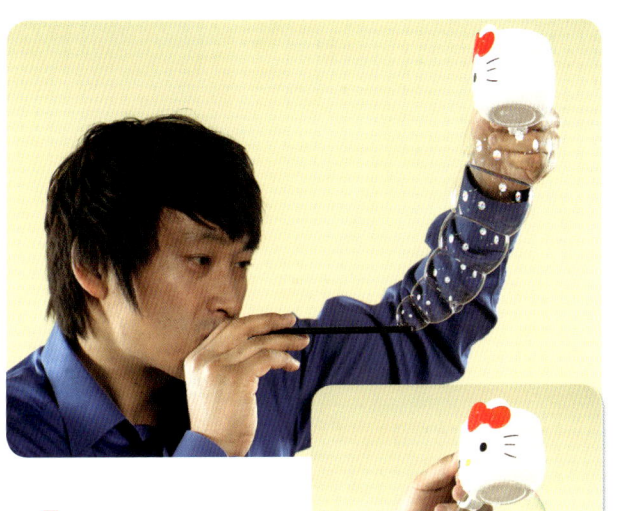

## 5

애벌레 모양이 잘 나오지 않았거나 중간에 새로운 버블을 만들고 싶다면 버블을 터뜨려서 없앨 수 있습니다.

## 4

다시 만들어진 버블 아래쪽에 일반 빨대를 이용해 버블을 붙여서 두 개 더 만듭니다. 이때 바로 위의 버블보다 작게 만들어야 합니다.

● 혼자 또는 아빠와 함께 해요

야외에서

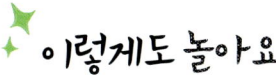 이렇게도 놀아요

## 버블 회전 목마

하나

버블 두 개를 만들고 버블과 버블 사이에 작은 버블을 여러 개 만듭니다.
그리고 빨대를 살살 불어주면 버블이 빠르게 돌아가면서 버블 회전 목마가 됩니다.

1

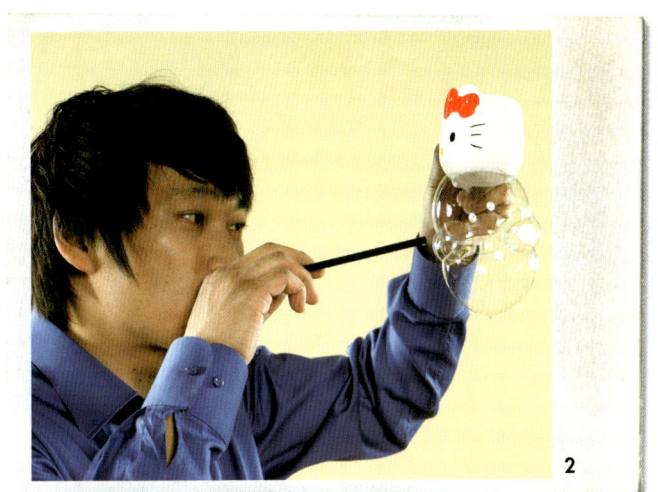

2

BUBBLE BUBBLE : 03

# 통통 탁구처럼, 버블 튕기기

털장갑을 끼고 버블을 살살 건드리면 버블이 터지지 않고 튀어 오릅니다.

**준비물**
용액, 용기, 빨대, 털장갑, 탁구채, 펠트지

● 꼭 알아두세요!

여러 번 놀이를 하다 보면 장갑이나 펠트지 위에 버블이 터지면서 젖게 되는데, 젖은 면이 버블을 잘 튕기지 않게 하므로 다른 면을 사용하면 됩니다.

## ★ 따라해 볼까요

**1** 왼손에 털장갑을 끼고 빨대를 용액에 적셔 줍니다.

**2** 빨대를 이용해 자그마한 버블을 만듭니다.

몇 번 하다보면 요령이 생겨서
잘 튕길 수 있게 됩니다.

**3** 떨어지는 버블을 털장갑을 낀 왼손으로 조심스럽게 위로 튕겨주면 버블이 터지지 않고 튕겨 올라갑니다.

**4** 털장갑 대신 탁구채에 펠트지를 붙이면 버블 튕기기 놀이를 할 수 있습니다.

## 혼자 또는 아빠와 함께 해요

## 이렇게도 놀아요

### 버블 저글링

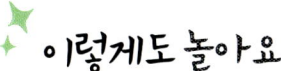  하나

세 개의 버블을 만들고 버블 저글링 놀이도 가능합니다.

## 버블 탁구 게임

둘

만든 도구를 이용해서 버블이 먼저 터지는 사람이 지는 버블 탁구 게임을 해 봅니다.

야외에서

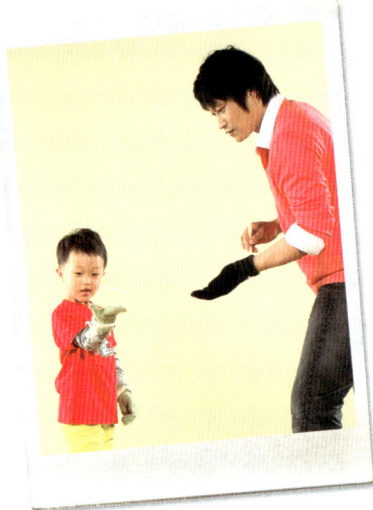

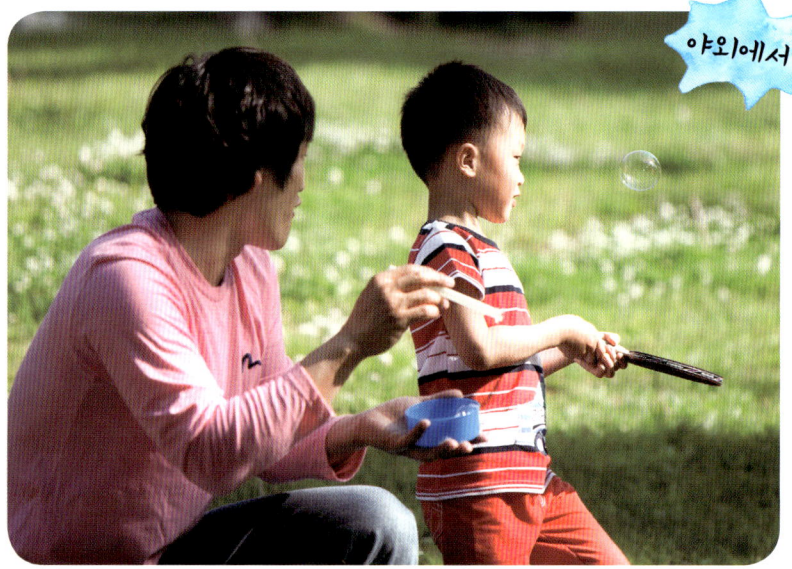

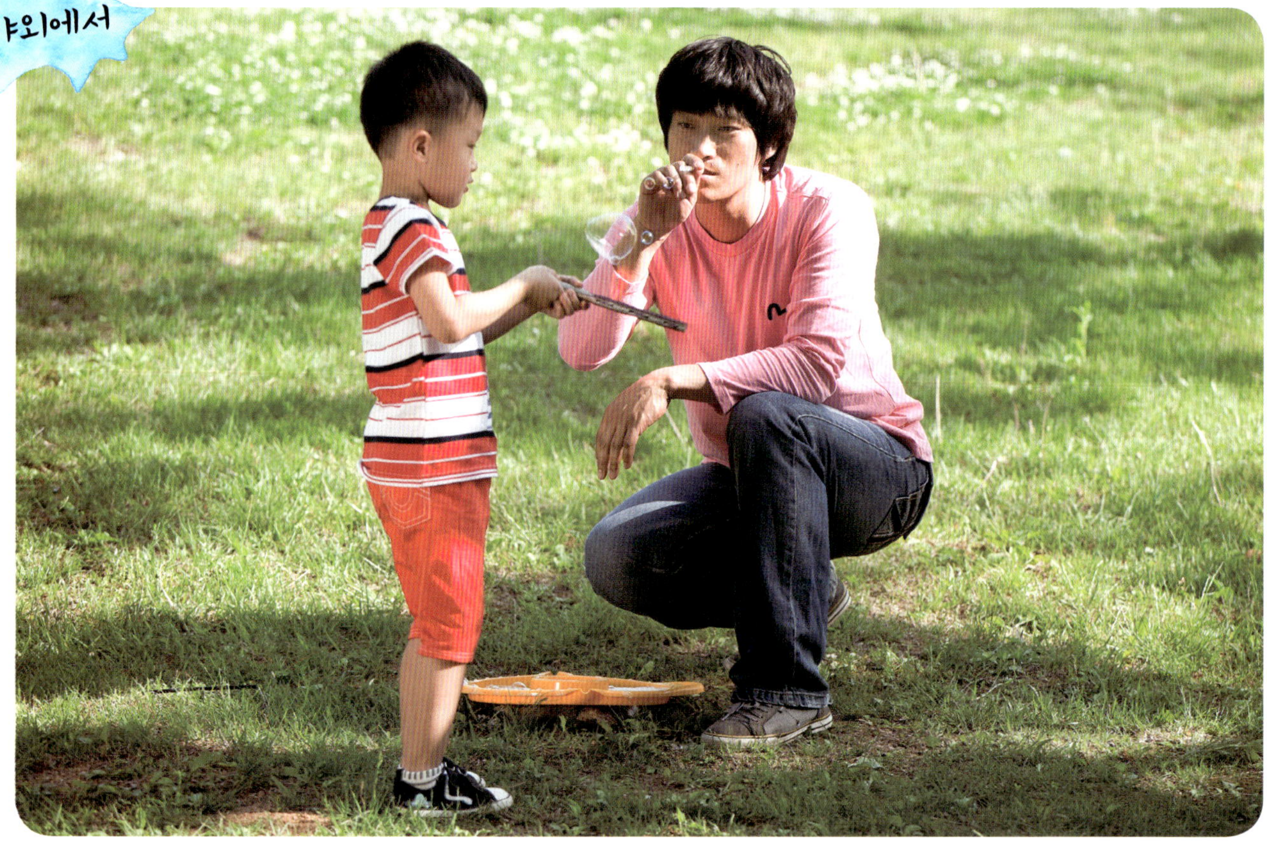

야외에서

BUBBLE BUBBLE : 04

# 처음 봤어요, 네모난 버블

버블은 항상 원형이지만 정육면체 모양의 틀을 이용하면
네모난 버블을 만들 수 있습니다.

**준비물**
용액, 용기, 빨대, 이쑤시개,
스디로폼 공, 빨대

## ⭐ 따라해 볼까요

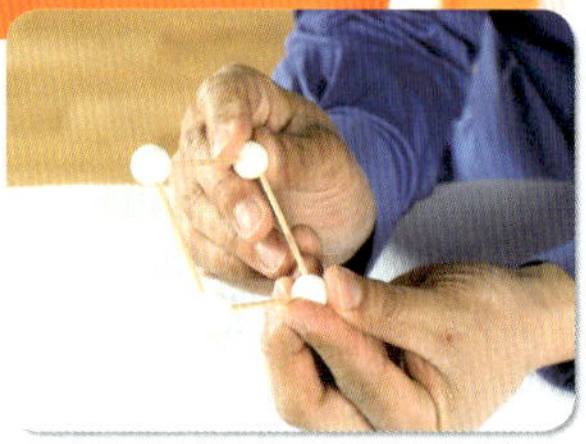

**1** 이쑤시개와 스티로폼 공을 그림처럼 서로 연결합니다.

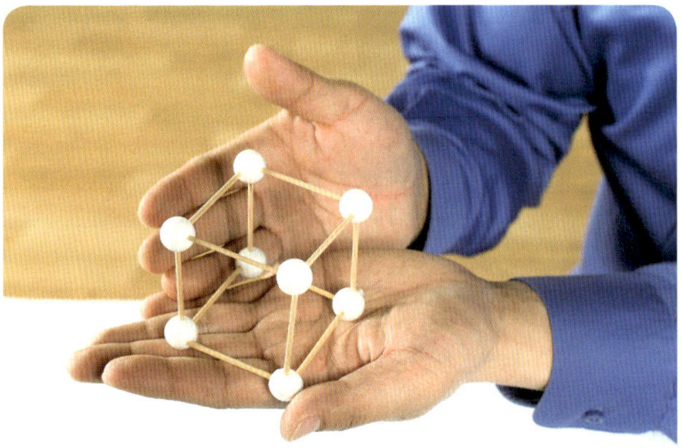

**2** 이쑤시개와 공을 계속 연결해 그림처럼 정육면체 모양으로 만듭니다.

**3** 완성된 정육면체 모양의 틀을 용액에 완전히 잠길 정도로 담급니다.

**4** 정육면체 틀을 빼낸 후 빨대를 용액에 담근 다음 측면에서 정육면체의 정중앙에 대고 불면 사각 버블이 중앙에 만들어집니다.

BUBBLE BUBBLE : 05

# 깨지지 않는, 버블 윈도우

터지지도 않고 심지어는 버블 유리를 떼어내는 마술처럼 신기한 버블 놀이입니다.

**준비물**

용액, 쟁반, 자, 사인펜, 빨대, 3mm 우드락(15cm 정사각형 크기)

## ⭐ 따라해 볼까요

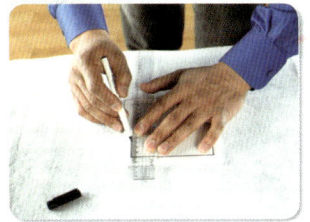

**1** 1cm 두께로 우드락에 선을 그어 줍니다.

**2** 칼로 가운데 부분을 잘라냅니다.

**3** 쟁반에 용액을 듬뿍 붓고, 만든 사각틀을 담급니다.

**4** 손에도 물을 듬뿍 적셔 줍니다.

**5** 비누막이 잘 형성되도록 용액에 담긴 틀을 들어 올립니다.

**6** 비누막이 잘 형성된 버블 윈도우가 만들어집니다.

여기서 비누막이
터지지 않아야 합니다.

**7** 물에 적신 손을 버블 윈도우에 관통시킵니다.

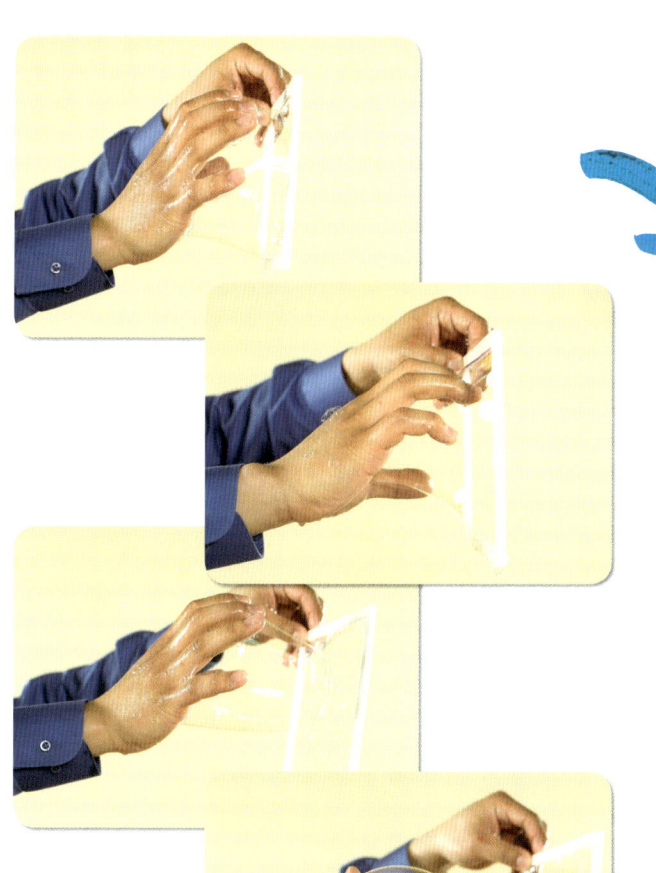

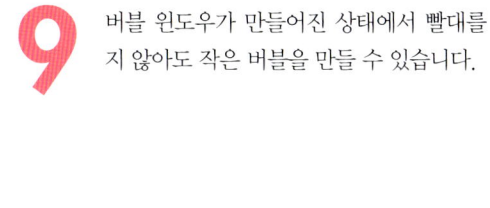

**8** 손을 뒤로 다시 빼면서 비누막을 잡아 당기면 버블 하나가 만들어집니다.

**9** 버블 윈도우가 만들어진 상태에서 빨대를 용액에 적시지 않아도 작은 버블을 만들 수 있습니다.

🍂 혼자 또는 아빠와 함께 해요

야외에서

## ✨ 이렇게도 놀아요

### 버블 트램폴린 ········································· 하나

누가 오래오래 버블 트램폴린을 하나 내기해 보세요.

1

2

3

### 버블 잡기 ········ 둘

앞에서 소개한 버블떼 잡기처럼 작은 버블을 하나 만들어 놓고 버블 윈도우를 이용해 작은 버블을 잡는 놀이도 할 수 있습니다.

### 긴 버블 만들기 ········ 셋

아래에서 위로 손동작을 크게 하면 줄을 이용한 버블만큼이나 긴 버블이 만들어집니다.

# 한 칸씩 채워요, 버블 바둑

BUBBLE BUBBLE : 06

털실을 이용해 버블 바둑판을 만들어 비어있는 공간을 버블로 채울 수 있습니다.

### 준비물
용액, 용기, 3mm 우드락
(15cm 정사각형의 크기),
털실, 스카치테이프, 빨대

## ⭐ 따라해 볼까요

**1** 버블 윈도우에서처럼 사각형 틀을 만듭니다.

**2** 바둑판처럼 연결하기 위해 털실과 털실이 만나는 부분은 엮어 주고 양 끝은 테이프로 붙여 줍니다.

**3** 만든 바둑판 틀을 용액에 담급니다.

**4** 빨대를 이용해 바둑판에 버블을 새겨 넣습니다.

**5** 버블 바둑판을 이용하면 뭉게뭉게 버블 구름도 만들 수 있습니다.

## 혼자 또는 아빠와 함께 해요

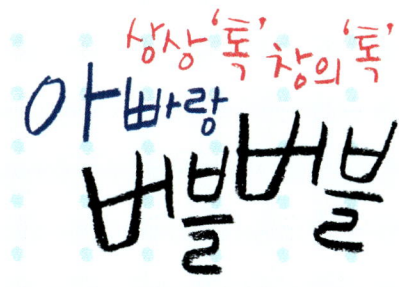

상상'톡' 창의'톡'
아빠랑 버블버블